KB260788

고민타파 FAQ

황진규 지음

고민타파 FAQ

초판 1쇄 인쇄일 2015년 11월 6일
초판 1쇄 발행일 2015년 11월 12일

지은이 황진규
펴낸곳 도서출판 유심
펴낸이 구정남 / 이헌건
마케팅 최진태

주소 서울특별시 구로구 공원로 41, 805(구로동, 현대파크빌)
전화 02.832.9395
팩스 02.6007.1725
URL www.bookusim.co.kr
등록 제2014-000098호(2014.7.8)

ISBN 979-11-953260-9-9 13320
값 13,000원

직장고민 어디까지 해봤니?

고민타파 FAQ

황진규 지음

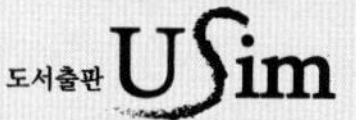
도서출판 USim

당당한 밥벌이 철학자,
신도림 스피노자

황진규 작가를 만난 건 4년 전쯤이다. 이메일이 한 통 왔는데, 자신이 하는 팟캐스트 방송에 나와 달라는 내용이었다. 가장 인상적인 부분은 '사례는 드릴 수 없지만 후배들에게 좋은 말씀 해주시면 안 되겠느냐' 하는 문장이었다. 돈 못 준다는 말을 이렇게 당당하게 할 수 있다니!

맞다. 황진규는 당당하다. 누군가 '당당하다'고 할 때 우리는, 마치 당당할 '자격'이 있는 것처럼 말한다. 왜 그렇게 당당한데? 학벌? 외모? 돈이 많나? 등등. 그런데 황진규는 그냥 당당하다. 개뿔, 아무것도 없는데 당차게 당당하다. 스스로를 '신도림 스피노자'라 할 만큼.

그와 대화하다 보면 아마도 그는 어떤 철학자의 명제를 가져다가 당신의 내면을 비추고자 할 것이다. 처음에는 당황한다. '뭐지?'

황진규의 언어는 거침이 없다. 언제나 날것 그대로의 모양을 하고 있다. 그래서 때로는 불편하다. 치장하거나 숨기고 싶은 부분도 있으니까. 그러나 불편할지언정 불쾌한 적은 없다. 그의 창은 언제나 상대방뿐만 아니라 그 자신을 함께 향하고 있기 때문이다. 상대방에게 정직을 요구하는 만큼 스스로에게도 정직하다. 아마도 사람들이 그에게 조언을 구하는 이유는 황

작가가 스스로에게 정직하게 할 수 있는 말만 상대방에게 하기 때문일 것이다. 이렇게 솔직한 사람, 세상에 드물다.

누군가에게 조언을 구한다는 것은 그만큼 결정이 쉽지 않다는 뜻이다. 대부분 답이 명료하지 않아서이겠지만, 그 상황을 정직하게 뚫어볼 용기가 없어서 머뭇거리는 경우도 있다. 황진규는 바로 그때 짠~ 하고 나타나서 그 상황의 날것 그대로를 보여준다.

이 책이 바로 그렇다. 살아가면서 겪는 다양한 일에 대해 이렇게 솔직하고 당당하게 조언해주는 사람이 우리에겐 필요하다. 물론 정답은 아닐 것이다. 내가 아는 황진규도 그렇게 말할 것이다. "정답은 당신이 이미 가지고 있다. 나는 그 답을 찾을 수 있도록 작은 표지판이 되어 줄 뿐이다"라고 말이다. 인생의 길목에서 만나게 될 다양한 문제들에 대해 이런 조언을 해줄 사람이 한 명은 꼭 필요하다. 이 책을 통해 그런 사람을 만나시길 마음으로 바란다.

〈골목 사장 분투기〉〈착해도 망하지 않아〉 강 도 현 작가

프롤로그

1.

"사실 책이나 강연은 별 도움이 안 돼요."

강연을 하면서 종종 하는 이야기입니다. 사람들은 황당하다는 듯 저를 봅니다. 책을 쓰고 강연을 하는 사람이 책과 강연이 그다지 도움이 되지 않는다고 말하니까요. 하지만 저는 정말 그리 생각합니다. 아무리 잘 쓴 책도, 아무리 명 강의라 해도 우리네 각자 삶의 구체적인 모습까지 반영할 수는 없습니다. 어떤 책과 강연이 우리네 삶에 도움을 줄 때는 우연히 접한 책이나 강의가 구체적인 삶의 어느 부분을 건드려줄 때뿐일 겁니다.

그래서 저는 늘 자신의 고민이 묻어나는 질문이 없는 강연이 안타까웠습니다. 제가 강연을 하는 이유는, 강연을 듣는 분들에게 작은 도움이라도 드리고 싶기 때문입니다. 불특정 다수를 향한 강의도 분명 도움이 되겠지만, 그보다 저는 한 사람 한 사람의 구체적인 고민 속으로 들어가고 싶었습니다. 그래서 한 사람만을 위한 책을 쓰듯이, 한 사람만을 위한 강연을 하듯이 여러분의 질문과 고민에 응답해드리고 싶었습니다.

직업에 관한, 밥벌이에 관한 몇 권의 책을 내고, 적지 않은 강연을 하면서 다양한 사람들의 다양한 질문을 받았습니다. 여러 매체를 통해 저에게 주신 고민이나 질문에 나름 성실하게 답했습니다. 되도록 직접 만나서 이야기를 나누려고 했고, 상황이 여의치 않을 때는 서면으로라도 그들의 고민 속으로 들어가고자 노력했습니다. 강연을 하면서 오해를 남겼던 부분들, 제가 미처 이야기하지 못했던 부분들에 대해 답해드리고 싶었기 때문이었습니다.

그렇게 모이고 모인 수많은 고민을 정리해보고 싶었습니다. 그렇게 여러분의 고민 속으로 들어가고 싶었습니다. 그것이 이 책을 쓰게 된 이유입니다.

2.

우리는 언제 각자의 고민을 극복할 수 있을까요? 고민에 대한 답을 찾았을 때일까요? 아닐 겁니다. 정직하게 돌아보면, 우리의 고민에 대한 답은 이미 각자가 가지고 있습니다. 그럼에도 고민이 우리를 힘들게 하는 이유는 자신의 고민이 아주 특별하고 개인적이라고 생각하기 때문입니다. '이건 다른 사람은 몰라, 나만의 고민이야'라고 생각하면 그 고민은 극복할 수 없습니다. 답을 알고 있더라도 실천을 주저하게 됩니다. 어쩌면 아주 개인적인 고민들의 파편적인 묶음일 수도 있는 이 책을 쓰게 된 또 다른 이유가 바로 이것입니다.

대안이 없어서 고민을 해결할 수 없는 것이 아닙니다. 자신의 고민으로부터 거리를 둘 수 없기 때문에 극복할 수 없는 경우가 더욱 일반적입니다. 저는 지긋지긋한 직장을 떠나고 싶었습니다. 하지만 직장을 떠나려니 먹고사는 문제가 너무나 두려웠습니다. 몇 년 동안 그 고민에 빠져 허우적거리며 살았습니다. 하지만 다행스럽게도 저는 그 고민을 극복하게 되었습니다. 그럴듯한 대안이 생겼기 때문이 아닙니다. 아주 특별한 나만의 고민이 아니라는 사실을 깨닫게 되었을 때 그 고민을 극복할 수 있었습니다.

주위를 둘러보니 다들 저와 비슷한 고민을 부여잡은 채 살아가는 사람들 천지였습니다. 그 사실을 깨닫게 된 순간, 저는 제 고민으로부터 거리를 둘 수 있게 되었습니다. '이 고민을 오직 나만 하고 있는 것이 아니구나! 내가 그다지 대단한 고민을 하고 있는 게 아니구나!'라는 것을 깨닫게 된 것이지요. 이 깨달음은 제 삶을 근본적으로 바꾸어 놓았습니다. 희미했던 제 고민의 답이 선명해졌고, 답이 선명해지니 그 답을 실천할 수 있는 용기까지 생기게 되었습니다.

그런 의미에서 이 책이 여러분에게 두 가지 유용성을 드릴 수 있으면 좋겠습니다.

저는 이 책에 가능한 한 많은 에피소드를 담았습니다. 직장 혹은 밥벌이에 관한 거의 모든 고민을 담았다고 해도 과언이 아닐 겁니다. 그 많은 고민 상담의 에피소드 가운데 여러분이 겪고 있는 것과 비슷한 종류의 고민이 있다면 그 사례를 통해 실질적이고 구체적인 도움을 얻을 수 있으면 좋겠습니다. 비슷한 상황의 다른 사람의 고민을 통해 여러분의 삶의 고민을 해결할 수 있는 단초를 얻어 가시기 바랍니다.

그런 의미에서 이 책은 순서대로 읽을 필요가 없습니다. 목차를 훑어보고 비슷한 고민이 있다면 그 부분만 가볍게 읽어보는 것만으로도 충분합니다. 그리고 또 여러분에게 드리고 싶은 유용성이 있습니다. 그것은 이 책을 통해 여러분 밥벌이에 대한 고민이 사실 별것 아니라는 사실을 깨달았으면 하는 겁니다. 이 책을 읽다 보면 너무나 많은 사람들이 직장과 밥벌이에 관해 비슷한 고민을 하며 살아가고 있다는 사실을 알게 될 겁니다. 이 사실을 알게 되는 것은 생각보다 큰 힘이 됩니다. 동시대를 살아가는 많은 사람들이 비슷한 고민을 하고 있다는 사실만으로도 위로가 되고 용기가 생길 테니까요.

어쩌면 첫 번째 유용성보다 두 번째 유용성이 더 많은 도움이 될지도 모르겠습니다. 우리가 고민에서 벗어나지 못하는 이유는 대안이 없어서가 아니라 고민 그 자체에 매몰되어서니까요. 고민에서 벗어나 일정한 거리를 둘 수 있다면 그 고민은 더 이상 고민이 아니게 됩니다.
'구체적인 고민 해결의 단초' '고민으로부터 거리 두기' 이 두 가지가 제가 여러분에게 드리고 싶은 것입니다.
이 책을 통해 행복한 밥벌이를 하는 데 작은 도움이라도 얻어 가실 수 있기를 바랍니다.
다들, 꼭, 행복한 밥벌이 하세요!

여전히 행복한 밥벌이를 꿈꾸는 **황 진 규**

CONTENTS

제1장 업무 고민 타파!

제2장 인간관계 고민 타파!

제5장 가족 고민 타파!

제 1 장

업무 고민
타파!

Q 일을 잘하고 싶은데 방법을 모르겠어요

경영지원 업무를 맡고 있는 2년 차 직장인입니다. 신입사원은 아니지만 일이 손에 익어서 업무를 능숙하게 잘하는 것도 아니에요. 팀장이나 선배들이 이제 업무를 많이 주기 시작했는데 정작 저는 아직 준비가 안 된 것 같아서 부담스러워요. 제 고민은 일을 잘하고 싶은데 그 방법을 잘 모르겠다는 거예요. 어떻게 하면 일을 잘할 수 있을까요?

A 자신의 재능을 먼저 찾으세요

우선 직장 일에 너무 눌리지 않았으면 좋겠어요. 대단해 보이는 선배들도 처음엔 어리바리 신입이었거든요. 신입사원 혹은 연차가 낮은 사람들이 일이 빨리 늘지 않는 이유는 업무에 대해 너무 '쫄아' 있기 때문입니다.

다양한 직장, 다양한 부서, 다양한 업무가 있으니 일을 잘하는 정형화된 방법은 있을 수 없습니다. 하지만 어떤 직장, 어떤 업무에도 적용 가능한 보편적인 방법이 있습니다. 그것은 자신에게 어울리는 방법으로 일을 하는 겁니다. 소위 말하는 '재능'을 활용하면 누구나 일을 잘할 수 있습니다. 물론 '나의 재능은 이것이다'라고 확실히 말할 수 있는 사람은 그다지 많지 않을 겁니다. 하지만 너무 걱정할 필요는 없습니다.

재능이란 무엇일까요? 그것은 '나에게' 너무도 자연스러운 어떤 것입니다. 달리기에 재능이 있는 사람은 달리는 것이 자연스럽고, 언어에 재능이 있는 사람은 언어를 다루는 것이 자연스럽습니다. 이처럼 재능은 '자연스러움'입니다.

인간은 자의식이 매우 강한 동물인 탓에 내게 자연스러운 것이 있을 때 상대방도 그럴 것이라고 생각하기 쉽습니다. 고등학교 시절 전교 1등을 도맡아서 하던 친구에게 어려운 수학 문제를 물어본 적이 있습니다. 그 친구는 의아하다는 듯 나를 물끄러미 바라보다 "이걸 왜 몰라?" 하더군요. 순간 나

도 모르게 욕을 할 뻔했습니다. 그 웃지 못할 에피소드가 서른이 넘어서야 이해가 되었습니다. 그 친구는 잘난 체를 하려고 했던 것이 아니라 자신이 보기에는 너무나 쉬운 문제를 내가 모른다는 것이 도저히 이해가 되지 않았던 겁니다.

재능을 찾고 싶다면, 나에게는 정말 자연스럽고 당연하고 쉬운 것인데 다른 사람에게는 부자연스럽고 어려운 지점을 찾아내면 됩니다. 달리 말해 나와 타인과의 차이점 혹은 구별점에 본인의 재능이 있는 것이지요.

그런데 기껏 찾아낸 재능이 달리기나 높이뛰기 같은 것이라면 직장생활에서는 아무 소용없는 것 아닐까요? 우선 이것부터 인정해야 할 것 같습니다. 직장에 들어오는 순간 우리가 활용할 수 있는 재능의 종류는 한정된다는 사실. 안타까운 일이지만 너무 걱정할 필요는 없습니다. 직장에서 활용 가능한 자질들 중 자신에게 자연스러운 것(재능)을 찾으면 되니까요. 먼저 아래 다섯 가지 질문에 답을 해보세요.

① 읽고 쓰는 것이 자연스러운가, 듣고 말하는 것이 자연스러운가?
읽고 쓰기 혹은 듣고 말하기는 직장생활에서 아주 중요한 재능입니다. 어떤 일을 하건 결국 읽고 쓰는 방식 혹은 듣고 말하는 방식 중에 하나를 선택하게 되어 있기 때문입니다. 저는 읽고 쓰는 것보다 듣고 말하는 것이 자연스러운 사람이었습니다. 그래서 '읽고 쓰는 방식'으로 일할 때보다 '듣고 말하는 방식'으로 일할 때 훨씬 좋은 성과가 나왔습니다.

② 혼자 일하는 것이 자연스러운가, 함께 일하는 것이 자연스러운가?

혼자 일하는 것에 재능이 있는 사람도 있고, 함께 일하는 것이 자연스러운 사람도 있게 마련입니다. 혼자 고민하고 구상하는 것이 더 익숙하고 자연스러운 사람이 매일 회의와 회식에 시달린다면 그 사람은 아마 일을 잘할 수 없을 겁니다. 반면에 함께 일하는 것이 자연스러운 사람은 그에 어울리는 방법을 활용해야 일을 잘할 수 있게 됩니다.

③ 긴장감 속에서 일하는 것이 자연스러운가, 구조화되고 예측 가능한 환경에서 일하는 것이 자연스러운가?

조직 체계가 완벽하게 구조화되어 있지 않은 상태에서 오는 일정 정도의 긴장감을 즐기고, 그런 상태에서 일을 더 잘하는 사람이 있습니다. 반면 철저하게 구조화되고 예측 가능한 시스템 속에서 더욱 일을 잘하는 사람도 있습니다. 자신이 어떤 쪽에 더 재능이 있는지 파악한 뒤 지금 일하는 환경을 자신의 재능을 더 잘 적용할 수 있는 쪽으로 변화시키거나 아니면 그런 환경으로 옮겨 가는 것도 일을 잘할 수 있는 또 하나의 방법입니다.

④ 거대한 조직의 일부로서 일하는 것이 자연스러운가, 작은 조직에서 의사결정에 적극적으로 참여하는 것이 자연스러운가?

흔히 적극적으로 의사결정에 참여하는 사람이 일을 잘한다고 생각하지만 거대한 조직의 일부로 일하는 것이 더 자연스러운 사람도 있습니다. 그런 경우에는 억지스럽게 의사결정을 해야 하는 상황을 줄이고 조직의 일부로 일하는 방법을 택해야 합니다. 물론 반대의 경우라면 작은 조직에서 적극적으로 의사결정에 참여하는 쪽이 유리하겠지요.

학창시절에 꾸준히 공부를 해서 성적이 좋은 아이도 있고, 벼락치기를 해서 성적이 잘 나오는 아이들도 있었지요? 일도 마찬가지입니다. 마감이 정해져 있어야 일을 잘하게 되는 사람이 있고 반면 매일 일정 체크하고 압박하면 일을 더 못하게 되는 경우도 있습니다.

어떤가요? 다섯 가지 질문으로 자신의 재능을 찾으셨나요? 다섯 가지 질문에 명확하게 답할 수 없었다면 아직은 자신에 대한 성찰이 부족한 탓일 겁니다. 만약 그렇다면 지나온 삶을 반추하면서 '나는 무엇을, 어떤 방식으로 할 때 자연스러웠나?'라는 질문을 꾸준히 해야 합니다.

노파심에 덧붙이자면 자신의 재능을 찾아갈 때는 자신의 모습에 정직해져야 합니다. '실제 나의 모습'과 '내가 원하는 모습'이 다를 수 있음을 받아들여야 합니다. 예컨대 자신이 원하는 모습은 '의사결정에 적극적으로 참여하는 사람'이지만 실제 자신의 모습은 '조직의 일부로 일하는 것이 자연스러운 사람'일 수 있다는 겁니다. 있는 그대로의 자신의 모습에 정직해져야 재능을 발견할 수 있습니다. 재능은 자연스러움이니까요.

다섯 가지 질문에 명확하게 답할 수 있었다면, 이제 여건이 허락하는 한 직장에서 그 재능을 최대한 활용해서 일을 하면 됩니다. 일을 하면서 자신에게 어울리는 재능을 찾고 그 재능을 활용할 수 있는 업무 방법을 조금씩 확장해나가야 합니다. 그렇게 일을 하다보면 분명 머지않은 미래에 일을 잘하는 직장인이 되어 있을 겁니다.

Q 지금 맡고 있는 일이 적성과 너무 안 맞아요

입사한 지 이제 3년 조금 넘은 직장인 H입니다. 공대 출신이라 아무 생각 없이 엔지니어, 설계 쪽으로 지원했고, 지금까지 설계 업무를 하고 있습니다. 그런데 이제는 제 적성에 안 맞는 것 같다는 생각이 들어요. 매일 컴퓨터 화면만 보고 있는 게 너무 힘드네요. 뭔가 사람들과 부딪히면서 일을 하고 싶은데, 조용한 사무실에서 설계화면만 보고 있으려니 '내가 지금 뭐하고 있나? 이렇게 살아야 하는 건가?'라는 생각이 자꾸만 들어요.

A 적극적으로 삶의 변화를 모색해보세요

비슷한 고민을 하는 다른 분들에 비해 H씨는 그나마 사정이 나아 보입니다. "사람을 만나는 일을 하고 싶다"라고 말하는 걸로 봐서 자신이 하고 싶은 일이 어떤 일인지 어렴풋이나마 알고 있기 때문입니다. 이건 아주 유리한 조건입니다. 대부분의 직장인들은 지금 일은 싫지만 자신이 어떤 종류의 일을 하고 싶어 하는지 모르는 경우가 대부분이거든요.

만약 직장 내 다른 팀으로 옮기거나 이직을 하는 경우라면 크게 문제될 것은 없습니다. 어차피 월급은 나오니까요. 하지만 완전히 새로운 일을 할 요량이라면 몇 가지 말씀드리고 싶습니다.

우선 직장을 그만두면 잃게 될 것을 점검해보세요. 직장을 그만두고 얻게 될 것에만 집중한 채 직장 문을 나서게 되면 자칫 후회만 남기고 다시 돌아와야 할 수도 있거든요. 직장만이 아닙니다. 인생에서 훌륭한 선택이란 언제나 '그럼에도 불구하고' 내리는 선택입니다. 우리가 어떤 선택을 후회하는 것은 그 선택으로 인해 얻을 것에만 집중하고 치러야 할 대가들은 외면하기 때문입니다. 예를 들어 자동차를 생각해보세요. 대부분의 사람들은 큰 자동차를 사고 싶어 하지만 큰 차를 구입함으로써 얻게 되는 넓은 공간, 안정적인 승차감 등에만 집중하면 '후회'라는 덫에 걸리지 않을 도리가 없습니다. 더 많은 연료비, 보험료 같은 유지비를 고스란히 감당해야 하니까요.

후회는 나쁜 것입니다. 단지 기회 대비 비용적인 측면에서 말하는 것이 아닙니다. 우리 삶을 수동적으로 만들고, 냉소적으로 만들기 때문입니다. 진지한 숙고 없이 덜컥 직장을 그만두고 다시 직장으로 돌아온 사람들은 하나같이 "인생은 만만한 게 아니야, 그냥 닥치고 직장 다니는 게 최고야"라고 말했습니다. 그들의 문제는 인생이 만만하지 않아서 생긴 것이 아니라 후회할 선택을 내렸다는 것에 있습니다.

저는 H씨가 원하는 일을 하며 살기를 바랍니다. 자신이 원하는 일을 하며 사는 삶, 그곳에 진정한 행복이 있다고 믿습니다. 그러니 지금의 직장 안에서 다른 업무를 찾아보셔도 좋고, 아니면 직장을 그만두고 전혀 새로운 삶에 도전해보는 것도 좋습니다. 다만 어떤 결정을 내리기 전에 그 결정에 대해 진지하게 숙고해보셨으면 좋겠다는 말씀을 꼭 드리고 싶습니다. 그것이 현명하고 지혜로운 사람들의 삶의 방식이니까요.

Q 회사 일을 저 혼자 다 하는 것 같아요

건설업계에서 일하고 있는 6년 차 대리입니다. 내성적인 성격 탓에 처음 보는 사람들과 어울려서 일하는 게 쉽지 않았지만 그럭저럭 적응을 했습니다. 이제 연차가 높아지고 승진을 해서 다른 팀과 함께 일하는 경우가 많아졌는데, 대부분 저보다 선배들이다 보니 신입 때처럼 주눅이 듭니다. 게다가 그렇게 아무 말도 못하고 주눅이 들어있다 보면 어느새 대부분의 업무가 제게 주어지게 되네요. 처음에는 '내가 좀 더 일하면 되지 뭐'라고 생각했는데, 요즘은 밤 10시 전에 집에 들어가 본 적이 없을 정도로 회사 일을 저 혼자 다 하는 것 같습니다. 억울한 것은 둘째 치고 이제는 회사생활 자체에 회의감이 듭니다.

A 스스로를 보호할 수 있는 힘을 기르세요

제가 신입으로 입사했을 때 팀장이 그러더군요. "형님처럼, 아버지처럼 편하게 생각해"라고. 정말일까요? 제가 느낀 직장의 모습은 가족 같은 따뜻한 공동체라기보다는 냉정하고 비정한 약육강식의 정글 같은 곳이었습니다. 강자는 언제나 약자를 핍박하고, 약자는 자신보다 더 약한 사람을 찾아내 핍박하는 그런 정글.

조금 잔인하고 아픈 이야기를 해야겠습니다. 왜 대리님에게 부당하게 많은 업무가 주어졌을까요? 그건 '만만한 놈'으로 비춰졌기 때문입니다. 직장은 겉으로는 친한 척, 배려하는 척하지만 그 속은 비정하고 냉정하고 야만적인 정글과 다를 바 없습니다. 정글에서 약자는 언제나 억압당하고, 강자에게 잡아먹히지 않기 위해 늘 불안하고 초조할 수밖에 없는 존재입니다.

한국 사회는 내향적인 사람보다 외향적인 사람을 선호합니다. 직장에서도 외향적인 사람들이 인정받고 승진해서 강자가 되는 경우가 일반적이죠. 반대로 신중하고, 내향적인 사람들을 무능한 사람으로 만들어 버립니다. 특히 건설이나 제조업에서는 그런 경향이 더욱 심합니다.

약자가 당당하게 살아가는 방법은 크게 두 가지입니다. 첫째는 약자끼리 서로 보듬고 배려하면서 살아가는 공동체를 찾아 정글을 떠나는 것입니다. 다행히 그런 공동체적 가치와 문화를 지향하는 회사들이 점점 늘고 있지만 아직 그 수는 현저히 적고, 대체로 IT업계에 편중되어 있습니다. 특히 건설업계에 그런 회사가 있다는 이야기는 들은 적이 없습니다.

그렇다면 약자가 정글을 떠나지 않고 어떻게 하면 당당하게 살아갈 수 있을까요? 강자까지는 아니더라도 스스로 자신의 몸 하나 정도는 보호할 수 있는 힘을 기르면 됩니다. '힘을 기른다'는 것이 거창하거나 어려운 것이 아닙니다. 불합리한 처우를 받고 있다고 생각할 때 용기를 내어 당당하게 자신의 이야기를 하면 됩니다. 선배가 은근슬쩍 "이것도 네가 좀 해라"라고 말할 때, "그건 선배님 업무 아닌가요?"라고 당당하게 말하세요. 상사가 "야, 이거 급한 건데 내일까지 좀 해"라고 말할 때, "지금 다른 업무하느라 바쁜데, 업무를 조정해주세요"라고 당당하게 말하세요.

물론 직장에서 그렇게 말하는 것은 쉽지 않습니다. 선배나 상사들에게 찍혀 불이익을 받을 것 같다는 느낌도 들 겁니다. 실제로 처음에는 선배와 상사들과 관계가 어색해지기는 할 겁니다. 하지만 잠시간의 그 어색함이나 불편함을 견딜 수 있다면, 선배와 상사들이 불합리하게 업무를 떠넘기지는 못할 겁니다. 그들은 속으로 '어, 이 새끼 보통 아닌데?'라고 생각할 테니까요.

직장 내의 관계에 너무 집착하지 마세요. 우리가 직장을 다니는 이유는 동료들과 좋은 관계를 맺기 위해서가 아니라 자신의 소중한 삶을 향유하기 위해서니까요. 잊지 마세요. 직장에서 과도한 업무에 내몰리지 않으면서도 원만한 관계를 유지할 수 있는 사람은 언제 어디서든 자신의 이야기를 당당하게 할 수 있는 용기를 가진 사람이라는 사실을. 할 말은 당당하게 하고 사세요. 그게 지금 고민을 해결할 수 있는 가장 현실적인 조언일 것 같습니다.

 무능한 상사 때문에 퇴근을 못해요

서른두 살 직장인 G입니다. 직장 상사인 과장의 꼴도 보기 싫어요. 업무가 꼼꼼하지 못하다는 것은 알고 있었지만, 시간이 지날수록 일을 심각하게 못한다는 것을 알게 되었습니다. 게다가 상사의 실수나 부주의로 인해 생기는 일을 제가 다 떠맡는다는 게 더 큰 문제입니다. 요즘에는 아예 자신의 일을 은근히 미루고 먼저 퇴근하기도 합니다. 팀장에게 이야기했지만 그냥 참으라고 하네요. 이제는 과장 얼굴만 봐도 짜증이 납니다. 어찌해야 할까요?

A 최대한 명확하고 합리적으로 업무 구분을 하세요

동료의 실수나 무능력 때문에 내 업무가 늘어날 때의 짜증은 이루 말할 수가 없지요. 더구나 그 대상이 함부로 말을 할 수 없는 상사인 경우에는 더합니다.

상사의 실수, 부주의 혹은 무능력 때문에 업무가 많아졌다면 일단 업무를 시작하기 전에 최대한 세밀하고 구체적으로 업무 구분을 하는 것이 중요합니다. "여기까지는 과장님이 하시는 거 맞죠? 그럼 여기서부터는 제가 할게요" 하는 식으로. 그래야 책임 소재를 분명히 할 수 있거든요. 이렇게만 해도 스트레스의 상당 부분이 완화될 겁니다.

그런데 노파심으로 한 가지 더 이야기하고 싶은 게 있습니다. 과장이 일을 못한다고 하셨는데, 그렇지 않을 수도 있다는 얘기입니다. 물론 G씨의 말씀대로 과장이 합리적이고 효율적으로 일을 못하는 사람일 수도 있습니다. 하지만 직장의 일이라는 것은 설계를 잘하고, 파워포인트 문서를 잘 작성하고, 데이터를 잘 뽑는 것만을 의미하지는 않습니다.

상사나 동료들과 잘 소통하는 것도 중요한 업무적 능력이고, 그 회사의 생리나 문화를 잘 이해하는 것도 하나의 업무적 능력입니다. 심지어 딱딱한 분위기를 가벼운 농담이나 환한 웃음으로 부드럽게 만들어주는 것도 무시할 수 없는 업무적 능력이지요. 이처럼 때로는 수치화, 계량화, 정량화할 수 없는, 눈에 보이지 않는 능력이 더 중요할 수도 있습니다.

저는 G씨가 혹시 가시적이고 구체적인 업무적 기술만을 유능함이라고 생각하는 것 같아서 조금 걱정스럽습니다. 사실은 저 역시 한때 그런 사람이었습니다. 제가 정한 기준으로 동료나 부하직원들을 재단하고, 기준에 미달하는 사람들은 무능력하고 월급만 축내는 인간으로 치부했죠. 하지만 냉정하게 돌아보니 저의 유능함, 그러니까 업무적 역량은 유능한 선배, 상사를 만나 얻을 수 있었던 선물 같은 것이었습니다. 짧지 않았던 저의 직장생활을 돌아보니 정말 유능한 상사는 부하직원들과 진심으로 소통하고, 숨어 있는 잠재력을 이끌어내는 사람이었습니다.

저는 개인적으로 G씨가 '유능함'에 대한 기준을 다시 한 번 정리한 다음 과장과 다른 사람들을 평가해보면 어떨까 하는 생각이 듭니다. 그럼에도 그 과장이 '무능한 상사'로 판단이 된다면 앞에서 말씀드린 대로 우선 업무 분담을 정확하게 하고, 일이 끝난 다음에는 책임 소재를 명확하게 가리기 바랍니다.

 승진에서 누락했어요

대기업에서 8년째 직장생활을 하고 있는 L입니다. 제 고민은 승진에서 누락했다는 겁니다. 일을 못하는 편도 아니었고, 성과가 안 좋았던 것도 아니었습니다. 하지만 다른 동기들은 대부분 승진을 했는데 저는 누락이 되었습니다. 왠지 자신감도 없어지고 의욕도 없어져 '내가 이렇게까지 여기를 다녀야 하나?'라는 생각이 들기도 하다가 또 '승진 안 되면 어때? 여기만큼 좋은 직장도 없으니 그냥 다니자'라는 생각이 들 때도 있습니다. 한동안은 화가 나고 분했는데, 이제는 제 삶을 제가 어쩔 수 없다는 생각마저 들어서 괴롭습니다.

A 당면한 문제에서 도망치려고 하지 마세요

승진 누락만큼 직장인들을 억울하게 하고 무기력에 빠뜨리는 일도 없을 겁니다. 승진 누락을 받아들일 수 없어 직장을 그만둔 사례도 적지 않습니다. 대체로 아주 자신감이 넘치는 부류들입니다. "나를 알아주지 않는 회사, 더러워서 관둔다!"라며 사표를 던져버리는 것이죠.

저는 가능하면 직장을 그만두라고 이야기하는 사람이지만 이런 경우에는 회사를 그만두어서는 안 된다고 이야기하고 싶습니다. 혹시 지금 직장을 그만두느냐 다니느냐로 고민하고 있다면 헛다리를 짚고 있는 겁니다. 삶에서는 어떤 식으로든 도망가는 것은 안 됩니다. 승진누락 때문에 직장을 그만두는 것은 자신의 삶에 맞서는 것이 아니라 억울함, 창피함, 분함 같은 감정을 이기지 못하고 도망을 치는 겁니다. 하지만 착각입니다. 어떤 문제로부터 도망치면 그 문제로부터 자유로울 수 있을 거라 생각하지만 전혀 그렇지 않습니다. 오히려 그 문제에 평생 발목이 잡힐 수밖에 없습니다.

제 주위에 억울한 승진 누락으로 퇴사를 한 사람이 있습니다. 유능한 직장인이었던 그는 자신의 승진 누락을 받아들이지 못해 끝내 퇴사를 해버렸습니다. 하지만 그는 다른 회사를 가서도 늘 "그때 승진을 했어야 했는데"라는 말을 입에 달고 살고 있습니다. 안타까운 일이지요. 승진 누락으로 인해 느껴야 했던 억울함, 창피함, 분함 때문에 도망쳤지만, 사실은 그 부정적인 감정에 영원히 갇힌 것입니다.

저는 L씨가 일단 참고 직장을 계속 다니고, 다음 해에 악착같이 승진을 했으면 좋겠습니다. 단순히 먹고살기 위해서가 아니라 자신을 괴롭히고 있는 창피함, 분함, 억울함의 감정과 맞서기 위해서 말입니다. 그렇게 지내다 보면 어느 순간 "승진 누락 따위는 아무 일도 아니야"라고 후배들에게 웃으며 말할 수 있게 될 때가 올 겁니다. 바로 그때가 직장을 떠나도 좋을 때입니다. 만약 지금 직장을 그만두면 그 패배감은 영원히 유령처럼 L씨를 따라다닐 겁니다.

큰 상처든 작은 상처든 그것을 극복하는 방법은, 아프지만 그 상처에 당당하게 맞서는 것입니다. 팔에 상처가 생겼을 때 그것이 쳐다보기 싫다고, 그것을 볼 때마다 다쳤을 때의 아픈 기억이 다시 떠오른다고 붕대로 감아두기만 하면 어찌 될까요? 그 상처는 곪아서 더 악화될 것입니다. 그리고 시간이 지나면 흉터로 남겠지요. 그리고 그 흉터를 볼 때마다 상처를 입었을 때의 괴로운 기억에 또 사로잡힐 것입니다. 악순환의 반복이지요.

저는 L씨가 지금의 상처에 당당하게 직면할 수 있으면 좋겠습니다. 지금 너무 분하다고, 억울하다고, 창피하다고 그 상처를 외면하기 위해 붕대로 칭칭 감아놓지 말고 당분간은 그 부정적인 감정들을 감당하셨으면 좋겠습니다. 그렇게 시간이 지나서 그 상처가 희미한 흉터가 되었을 때 승진 누락, 아니 직장 따위는 자신의 삶에서 그다지 중요한 문제가 아니라고 생각할 수 있는 근사한 사람이 되어 있을 겁니다.

승진 누락이라는 상처가 L씨를 성장시킬 수 있는 좋은 계기가 되기를 바랍니다.

Q 항상 예스만을 강요하는 상사 때문에 일하기가 싫어요

팀장 때문에 일하기가 싫어요. 회의할 때마다 자유롭게 의견을 말하라고 하고선 막상 제 의견을 이야기하면 예의가 없다고 면박을 주거나 핀잔을 줍니다. 자신과 다른 의견은 들으려고 하지도 않고, 무조건 '예스'를 해주기만 바라는 것 같습니다. 그래도 회의 때마다 고민해서 의견을 내놓는 저를 팀 선배들은 바보 같다고 합니다. 저는 업무를 좀 더 다양한 방법으로 해보고 싶은데, 항상 자신의 뜻대로만 해주기를 요구하는 팀장 때문에 일하기가 싫어지기까지 합니다.

A 야성을 잃지 마세요

상사가 "자유롭게 의견을 말하라"고 하는 건 '나는 고압적이고, 말도 안 통하는 꼰대가 아니다'라는 것을 보여주고 싶어서 그런 겁니다. 하지만 사실 우리네 직장 상사들은 대부분 말이 안 통하는 꼰대가 맞습니다. 한국 경제의 고도 성장기 시절에 일을 배운 40~50대 직장인들은, 소위 '까라면 까!'라는 군대식 문화에 익숙한 사람들입니다. '고도 성장기'라는 말은 수요는 많고 공급은 부족했던 시절을 의미합니다. 이런 시대에 직장을 다닌 사람들의 덕목은 '시키는 일만 잘하면 되는 것'이지요. 물론 약간의 본전 생각도 있을 겁니다. '우리는 시키면 그냥 했어, 뭔 말이 많아!'라는. 이런 시대적 맥락을 읽을 수 있다면 팀장을 원망할 것이 아니라 안쓰럽게 생각해야 하지 않을까

요? 게다가 세상이 변해서 마음에도 없는 민주주의 흉내까지 내야 하니 팀
장의 삶도 참 피곤할 겁니다.

팀장 역시 한때는 피 끓는 열혈청춘이었을 텐데, 어쩌다 부하 직원에게 예
스만을 강요하는 꼰대가 된 것일까요? 팀장도 처음에는 자신의 주장을 펼
쳤겠지만, "싸가지가 없다" "예의가 없다" 등등 이러저런 불편함 혹은 불이
익을 받았겠지요. 그런 경험들 때문에 '좋은 게 좋은 거야!'라고 생각하면
서 꼰대가 된 것입니다. 물론 그 편이 편하기는 편합니다. 상사들과 불편한
관계도 되지 않고 불필요한 오해 역시 받지 않아도 되니까요. 그렇다면 우
리 역시 무난한 길로 가는 게 좋을까요?
이제는 옛날처럼 생산하기만 하면 모두 팔리는 그런 시대가 아닙니다. 상

품이 넘쳐나기 때문에 거의 모든 직장에서 마케팅의 중요성을 역설하고, 창의성을 요구하고 있습니다. 시키는 일만 하는 직원은 '명퇴'를 당하기 딱 좋은 시대죠. 팀장은 꼰대로 살아도 그럭저럭 괜찮은 시대를 살아왔지만, 지금은 상황이 전혀 다릅니다.

지금 40~50대 직장인들을 가장 당황시키는 말은 "새로운 것 좀 스스로 생각해봐!"입니다. 시키는 일만 하는 것이 최선이라는 믿음으로 직장생활을 해 왔으니 '새로운 것'을 '스스로 생각해보라'는 이야기가 당황스러울 수밖에요.

이제, 어떻게 해야 할지 갈피가 잡히시나요? 자신이 이야기하고 싶은 것이 있다면 거침없이 주장하세요. 마찰이나 갈등이 생긴다고 해도 상관없습니다. 주장이 받아들여지지 않아도 실망하거나 냉소적이 될 필요도 없습니다. 중요한 것은 우리가 자신의 주장을 끊임없이 하면서 스스로 생각할 수 있는 능력을, 창의적으로 생각할 수 있는 능력을 유지 발전시킬 수 있다는 것입니다. 이 능력은 아주 소중합니다. 직장을 계속 다니더라도 혹은 직장을 그만두더라도.

사회는 점점 더 스스로 생각하는 능력, 창의적인 능력을 거세게 요구할 것입니다. 세상은 이미 그리 변하고 있습니다. 새로운 삶을 시작할 때 중요한 것은 부나 명성이 아니라 스스로 생각할 수 있는 힘, 문제를 창의적으로 재해석할 수 있는 힘입니다. 그리고 그런 힘은 스스로 생각을 거침없이 주장할 수 있는 '야성'을 가진 사람에게만 허락되는 특권 같은 겁니다.

새로운 시대에 당당하게 밥벌이를 하고 싶다면, '야성'을 잃지 마세요.

예전만큼 업무에 애정이 가지 않아요

8년 차 직장인입니다. 지금까지 어느 정도 만족하며 직장을 다녔습니다. 제가 좋아하는 일을 할 수 있었기 때문입니다. 덕분에 성과도 다른 사람보다 좋았고 승진도 동기들보다 먼저 했습니다. 하지만 요즘은 업무가 예전같이 재밌지도 않고 애정도 예전 같지 않습니다. 예전에는 팀장이 제 업무를 후배나 동료에게 넘겨주라고 하면 화가 나기도 했고, 업무가 생각처럼 풀리지 않을 때는 밤잠을 설칠 정도로 신경을 많이 썼습니다. 하지만 요즘은 별 관심이 없어졌습니다. 다시 그 열정과 애정을 살리려면 어찌 해야 하나요?

열정과 애정을 쏟을 대상을 다시 찾아보세요

질문부터 잘못된 것 같습니다. 올바른 질문은 "왜 업무에 대한 애정이 식어버린 걸까요?"입니다. 고민 주신 분은 암묵적으로 일에 미쳐서 살았던 삶이 정상적인 삶이고, 열정과 애정이 식은 지금은 비정상이라는 결론을 내리고 있는 것 같습니다. 따라서 '비정상적인' 상황을 빨리 수습해서 '정상적인' 삶으로 돌아가야 한다는 결론을 내리고 있는 셈입니다.

8년이면 짧은 세월이 아닙니다. 그동안 쏟아 부은 열정과 능력 덕분에 크고 작은 성취들도 따라왔겠지요. 그렇게 원하는 것을 이루었으니 느껴지는 감정은 당연히 행복감이나 만족감이어야 하는데,

오히려 지금 느끼는 감정은 허무함이나 공허감입니다. 기대했던 감정과 실제 느껴지는 감정의 괴리에서 오는 당황스러움이 바로 지금 고민의 본질입니다.

힘껏 뛰어서 겨우 목표지점에 도착을 했는데도 행복하지 않다면, 우리가 더 열심히 뛰지 않아서일까요, 아니면 우리가 원했던 목표지점이 아니어서일까요? 어떤 성취를 이루어냈을 때 느껴지는 감정이 행복이나 충만이 아니라 공허고 허무라면 애초에 그 성취가 진정으로 우리가 원했던 것이 아닐 가능성이 큽니다. 그보다는 친구나 동료, 부모, 사회가 원하는 목표를 자신이 원하는 목표라고 무비판적으로 받아들였을 가능성이 아주 높습니다.

기억나세요? 새벽부터 밤까지 정신없이 공부했던 고3 시절. 그 고단한 생활을 견뎌서 겨우겨우 대학에 들어갔습니다. 저는 아직도 생생하게 기억합니다. 대학 첫 강의에서 느꼈던 감정을. 분명히 행복했어야 했는데, 행복하기는커녕 '이제 뭘 하지?'라는 허망함과 허탈감이 밀려왔습니다. 목표의 성취 뒤에 따르는 감정이 잠시의 만족감 뒤에 긴 허탈과 허무라면 그 성취는 자신이 진정으로 원했던 것이 아니었던 겁니다. 정말 좋아하는 일을 하면, 성취와 관계없이 과정만으로도 충분히 행복하니까요.

질문을 주신 분은, 사실 고민에 빠진 것이 아니라 축복을 받은 겁니다. 좋아한다고 생각했던 업무가 진정으로 좋아했던 것이 아니라는 사실을 깨달았으니 분명 축복이지요. 평범한 직장인들, 대충 하루 하루를 때우며 사는 월급쟁이들은 업무의 정점을 느껴보지 못합니다. 그러니 자신의 삶을 되돌아보게 해줄 허탈감, 허무함조차 느낄 수 없지요. 진짜 자신이 원하는 삶을 찾게 해줄 실마리인 허탈감과 허무함은 고된 삶을 충실히 살아낸 이들에게 주어지는 선물이기도 합니다.

잠시 멈추어 서서 자신을 정말 행복하게 만들어줄 것이 무엇인지 생각해 보세요. 억지스럽게 예전의 열정과 애정을 살리려고 하기 전에 '어떤 일에 나의 열정과 애정을 오롯이 쏟을 것인가?'라는 질문을 스스로에게 던질 시간입니다. 적어도 그 '어떤 일'이 지금까지 직장에서 해왔던 업무가 아닌 것만큼은 분명해 보입니다. 그 질문 뒤에도 여전히 '현실'이라는 문제는 남겠지만, 우선은 나를 정말 행복하게 해줄 일이 무엇인가를 먼저 찾아야 합니다. 행복한 밥벌이를 하고 싶다면 그 질문에 대한 답을 찾는 데서부터 시작해야 합니다.

Q 상사가 모든 책임을 저에게 전가해요

IT업계에서 일하고 있는 4년 차 직장인입니다. 회사 사정으로 얼마 전 팀을 옮겼는데, 새로운 팀장 때문에 너무 힘이 듭니다. 그는 항상 책임을 부하 직원에게 전가합니다. 업무 지시는 두루뭉술하게 해놓고 문제가 생기면 업무 처리가 미숙하다거나 꼼꼼하지 못하다며 채근을 합니다. 얼마 전에는 팀장이 시키는 대로 업무를 처리했는데 예상치 못한 문제가 발생하니까 절더러 경위서를 쓰라더군요. 황당하고 화가 나서 아무 말도 할 수가 없었습니다. 경위서가 아니라 사직서를 쓰고 싶은 심정입니다. 팀장이 보기 싫어서 출근도 하고 싶지 않네요.

A 주어진 권한만큼만 책임을 지겠다고 선언하세요

직장에서 가장 큰 스트레스 중 하나가 바로 상사의 책임전가죠. 팀장이 존재하는 이유는 팀원들이 현업을 원만하게 잘 처리할 수 있도록 도움을 주기 위해서입니다. 하지만 실제는 많이 다르지요. 팀장은 팀원 위에 군림하려 하고, 마땅히 본인이 해야 할 역할이나 책임까지 팀원들에게 떠넘기곤 합니다. 직장생활을 하면서 저는 그런 상사를 볼 때마다 '저건 아니지, 저러면 안 되는 거잖아!'라고 생각했습니다. 하지만 그런 중얼거림은 아무런 도움이 되지 못했습니다. 습관처럼 부하에게 책임을 전가하는 상사가 변하지도 않았고, 몰염치하고 뻔뻔한 상사가 사라지지도 않았습니다.

제가 이런 고민을 하고 있을 때 누가 그러더군요. "절이 싫으면 중이 떠나라" "아니꼬우면 승진해라"라고요. 정말 해결책은 중이 절을 떠나듯 직장을 그만두거나 자신이 팀장이 될 때까지 닥치고 참는 것밖에 없는 걸까요? 사실 상사에게 화를 낼 필요도, 원망할 필요도 없습니다. 무책임하고 뻔뻔한 상사 역시 자신의 몸 하나 건사하기 위해 발버둥치는 애처로운 월급쟁이일 뿐이니까요. 원래 직장은 각자의 이해관계 때문에 모여서 함께 일을 하는 삭막한 곳입니다. 이 사실부터 받아들이면 의외로 문제는 쉽게 풀릴 수 있습니다.

가장 주의해야 할 때는 새로운 업무를 지시받거나 시작할 때입니다. 대체로 '책임전가형' 상사들은 업무 지시를 두루뭉술하게 하거나 얼버무리려고 합니다. 명확하게 업무 지시를 하면 나중에 발목이 잡혀 책임전가를 할 수 없게 되거든요. 그런 애매모호한 업무 지시를 '좋은 게 좋은 거지 뭐'라며 넘어가면 상사의 책임전가 행태에 말려들어갈 소지가 아주 높습니다. 물론 직장에서 업무를 하다 보면 책임을 져야 할 때가 있습니다. 하지만 '책임'은 '권한'과 함께 가야 합니다. 우리를 억울하고 답답하게 하는 것은 아무런 권한도 없는 일을 진행하면서 책임까지 고스란히 져야 하는 경우입니다. 권한이 없다면 어떤 책임도 질 필요가 없습니다. 회사가 부도난 책임을 신입사원에게 묻지 않는 이유는, 신입사원에게는 사업을 망하게 할 만큼의 권한이 없기 때문입니다.

이제 해답이 보이시죠? 말도 안 되는 희생양이 되지 않기 위해서는 업무를 지시받거나 시작할 때 칼같이 명확하게 책임과 권한의 소재를 분명히 해두어야 합니다. 예를 들어 상사가 "이 프로젝트 자네가 진행하게"라고 하면 먼저 "그 업무를 하게 되면 이런저런 문제가 발생할 수도 있습니다. 그럴 때는 어찌 합니까?" 또는 "그 업무를 진행하기 위해서는 이런저런 권한이 필요합니다"라고 미리 이야기해야 합니다.

사실 이것은 업무를 진행하면서 발생할 문제에 대해 질문을 한다거나 필요한 권한을 요청한다기보다는 책임과 권한에 대해 명확히 선을 그어두는 것에 가깝습니다. 어떤 방식이든 본인에게 주어진 권한만큼만 책임을 지겠다는 의사를 분명히 밝히는 것이 필요합니다. 물론 상사에게 '싸가지 없는 놈'이라거나 '유별난 인간'이라는 비난을 들을 수도 있습니다. 하지만 개의치 마세요. 분명한 것은 권한을 가진 상사가 부하 직원에게 책임을 전가하는 것이 싸가지 없는 행동이고 그런 행동을 하는 인간이 유별난 인간이니까요.

직장에서는 심약해 보이거나 자기 할 말을 잘 못하는 사람을 책임 전가의 희생양으로 삼는 경우가 허다합니다. 당당하게, 조목조목 책임과 권한을 상사에게 따져 물을 수 있다면 억울하고 부당한 책임 전가의 희생양이 되지 않을 수 있습니다.

 일과 삶의 균형을 잡고 싶어요

6년 차 직장인인데, 일과 삶의 균형을 잡을 수가 없어서 고민입니다. 저는 승진이나 출세는 별로 생각이 없고, 퇴근 후나 주말에 좋아하는 영화 보고, 사진 찍고, 아이들과 놀아주면서 보내고 싶습니다. 그런데 연차가 올라가면서 일은 익숙해졌지만, 그만큼 아니 그보다 더 많은 업무가 주어졌습니다. 게다가 상사들은 이제 허리 역할을 해야 한다면서 야근에다 주말 출근까지 요구합니다. 작가님은 일단 직장을 그만두라고 하실 것 같은데, 그것 말고 다른 대안을 알려주세요. 당장 갚아야 할 빚도 있고, 여러 가지 현실적인 문제가 많거든요.

 칭찬을 포기하고 기꺼이 욕을 먹으면 됩니다

'직장을 그만두라!'라고 말하려고 했는데, 원천봉쇄를 당했네요. 그럼 차선책에 대해 이야기해보죠. 먼저 이것은 분명히 해두어야 할 것 같아요. 직장은 구조적으로 일과 삶의 균형을 잡을 수 없게 되어 있다는 것. 한국의 직장은 분명 그렇습니다.

제 친구의 이야기가 도움이 될 것 같군요. 제 친구의 직장은 꽤 괜찮은 편이었어요. 출근도 여유가 있는 편이고, 6시 30분이면 칼 퇴근도 할 수 있었거든요. 업무 방식도 상명하복식 군대문화가 아니라 자유로운 편이었습니다. 하지만 매출이 떨어지고 팀장이 바뀌면서 모든 것이 한 번에 깨지고 말았습니다. 출근은 앞당겨졌고, 퇴근은 한참 뒤로 후퇴해버렸죠. 게다가 '매출을 위해 닥치고 시키는 대로 해!'라는 분위기가 만연하게 되었습니다.

아무리 좋은 직장이라 해도 직장은 직장일 뿐입니다. 업무에 대한 통제권을 직원이 가지고 있지 못하기 때문이지요. 좋은 직장이라는 것은 좋은 사장, 좋은 상사가 시혜적으로 내려주는 '성은'으로 이루어지기 마련입니다. 하지만 그 성은은 경기가 안 좋아지거나 회사 사정이 나빠지면 일거에 사라질 수 있는 것들이지요. 이것이 직장의 민낯입니다.

이런 악조건들 속에서 어떻게 하면 직장을 그만두지 않고 일과 삶의 균형을 잡을 수 있을까요? 결론부터 가지요. 칭찬을 포기하고, 기꺼이 욕을 먹어주면 가능합니다. 출세를 하고 싶지도 않고, 딱히 야심도 없는 사람마저 혹사당하면서 일과 삶의 균형을 잡지 못하는 이유는 상사나 동료에게 '기본이 안 되어 있어'라는 비난이나 욕을 먹고 싶지 않아서입니다.

일과 삶의 균형을 잡고 싶다면 결정해야 합니다. 누구에게 좋은 사람이 될지를 말입니다. 직장 동료나 상사, 사장에게 좋은 사람이 되면 직장에서 칭찬받고 비난을 피할 수 있겠지만, 삶은 일에 잠식당할 것이 분명합니다. 반대로 자신과 가족에게 좋은 사람이 되겠다고 다짐하면 직장에서 비난과 욕을 먹게 되겠지만 분명 일과 삶의 균형은 회복할 수 있을 겁니다.

조금 잔인하기는 하지만, 혹독하게 우리를 몰아치는 직장이라는 곳을 다니는 죄로 어쩔 수 없이 감당해야 할 것이 있음을 잊지 않으셨으면 합니다.

Q 책임감이 없다고 다그치는 상사 때문에 힘들어요

저는 대기업에서 일하는 4년 차 직장인 P입니다. 원했던 직장이라 나름 만족하며 일하고 있지만 문제가 하나 있습니다. 업무에 작은 차질이라도 생기면 팀장이 "책임감이 없다"며 심하게 다그친다는 겁니다. 덜렁대는 성격인지라 몇 번 실수를 하기는 했지만 업무에 대한 책임감이 없는 것은 아니라고 생각했는데, 이젠 잘 모르겠습니다. 점점 자신감도 없어지고, 팀장 앞에만 서면 자꾸 위축되는 것 같아요. 저는 정말 무책임한 직원일까요?

A 상사가 뭐라고 하건, 할 수 있는 만큼만 일하세요

직장인들이 참 많이 듣는 말이지요. "책임감이 없다"는 말. 그런데 놀랍게도 저는 짧지 않은 직장생활을 하면서 정말 무책임하게 일하는 사람을 거의 보지 못했습니다. 오히려 너무 과도한 책임감 때문에 스스로를 혹사시키는 선배, 동료, 후배들이 대부분이었습니다. 참 이상하죠? 대부분의 직장인들은 책임감이 오히려 과해서 문제인데, 왜 사장이나 상사들은 "책임감이 없다"고 다그치는 것일까요?

먼저 '책임감'이라는 단어를 한번 살펴보죠. 책임감의 사전적 의미는 '맡아서 해야 할 임무나 의무를 중히 여기는 마음'입니다. 요즘처럼 청년실업이다 명예퇴직이다 해서 일자리가 귀한 시절에 어떤 사람이 자신의 업무를 중히 여기지 않을까요? 그러니 사장이나 상사가 생각하는 책임감은 사전적 의미와는 사뭇 다른 것입니다. 그들이 "책임감이 없다"라고 하는 말은 "왜 실수했어? 그런 실수도 통제 못해?"라는 의미에 가깝습니다.

그렇다면 책임감 있는 직원이 되기 위해서는 어떻게 해야 할까요? 업무 중 발생할 수 있는 모든 일을 통제할 수 있는 직원이 되면 됩니다. 간단하지요? 하지만 이것은 어디까지나 논리적인 해답일 뿐입니다. 우리네 직장 현실로 돌아와서, 가깝거나 혹은 조금 먼 미래에 발생할 문제들을 정말 완벽하게 통제할 수 있을까요? 비단 직장이 아니라 우리의 삶을 한번 살펴보시죠. 신이 아닌 인산이, 수노 없이 얽히고설킨 변수와 함께 발생할 미래를 통제하는 것은 애초에 불가능합니다.

백 번 양보해서 미래를 예측할 수 있는 혜안이 있다고 해도 상황은 별반 달라지지 않습니다. 사실 직장에서 업무에 차질을 빚거나 혹은 실수를 하는 것은 적절한 권한이 없거나 적절한 자원이 없어서인 경우가 대부분입니다. 우리네 직장은 언제나 책임에 합당한 권한이 주어지지 않은 채, 업무 처리에 필요한 충분한 자원을 지원받지 못한 채 업무에 내몰리니까요.

직장에서 요구하는 책임감은 허구이자 폭력입니다. 그 누구도 예측할 수 없는 미래를 완벽하게 통제하고 책임까지 지라는 것이 폭력이 아니라면 무엇이 폭력일까요? 게다가 미래에 발생할 상황에 대한 권한과 충분한 자원을 주지 않은 경우라면 더 말할 나위가 없지요.

P씨가 '맡아서 해야 할 임무나 의무를 중히 여기는 마음'이 있다면 결코 무책임한 직원이 아닙니다. 그러니 "어떻게 해야 책임감 있는 직원이 될 수 있을까요?"는 우문입니다. 그럼에도 불구하고 팀장이 책임감을 가지라고 말하는 이유는 둘 중 하나일 겁니다.

첫 번째는 팀장이 팀원을 믿지 못하는 겁니다. 속으로 '혹시 열심히 하지 않는 것은 아닐까?' 하는 의구심이 있기 때문에 자꾸만 책임감을 더 가지라고 다그치는 것이지요. 책임감이라는 부채의식을 심어주어 알아서 기게 만들려는 것이지요.

두 번째는 "지금보다 일을 더 많이 해" 하는 이야기입니다. "팀장인 내가 일을 시켰으니 핑계대지 말고 무조건 네가 책임져!" 하는 것이지요. 하지만 팀장이 강요하는 허구적이고 폭력적인 책임감에 말려들면 매일 야근에, 주말 출근에, 업무에 대한 강박감까지 거의 모든 종류의 스트레스에 시달리게 됩니다. 아무리 노력해도 결코 도달할 수 없는 그 '책임감'을 가진 직원이 되기 위해서 말입니다.

저는 P씨에게 이런 이야기를 해드리고 싶습니다. 업무는 할 수 있는 만큼만 하세요. 본인이 해야 할 중요한 핵심 업무를 잘 챙기는 것만으로도 충분히 책임감이 있는 겁니다. 실수하지 않는 사람은 없습니다. 그러니 작은 실수에 너무 신경 쓰지 마세요. 팀장이 무책임하다고 다그치면, 그냥 옆집 개가 또 짖나 보다 하고 넘어가세요. 애초에 통제할 수 없는 미래에 대해 책임을 지라고 하는 사람이 진짜 무책임한 사람이니까요.

앞으로 여러 가지 힘든 상황이 찾아오더라도 이것 하나는 잊지 마세요. '일을 위해 삶이 존재하는 것이 아니라, 삶을 위해 일이 존재하는 것이다'라는 것. 그 사실을 잊는 순간, '책임감을 가지라'는 그 허구적이고 폭력적인 요구에 다시 말려들게 될 겁니다.

Q 사람과 업무 중에 어떤 걸 선택해야 할까요?

저는 3년 차 직장인 K입니다. 제 고민은 '사람과 업무 중 어떤 것을 선택해야 하나?'라는 겁니다. 저는 현재 A팀에서 일하고 있는데, B팀의 팀장이 자기 팀으로 오지 않겠느냐고 제안을 해왔습니다. 업무는 현재 팀의 업무가 좋은데, 인간적으로는 B팀의 팀장에게 끌립니다. 굉장히 자상한데다 리더십도 뛰어나고 일도 잘한다고 평판이 나 있어서, 업무 자체는 즐겁지 않더라도 그곳에서 일하는 게 더 나을 것 같기도 합니다. 만약 팀을 옮긴다면 지금 팀장과 팀원들과 사이가 어색해질 텐데, 어떻게 해야 할까요?

A 형식보다 내용을 고려해서 지금 팀에 남으세요

결론부터 내고 가죠. 만약 제가 K씨 입장이라면 지금 팀에 남겠습니다.

'일'은 '형식'과 '내용', 두 가지로 구성되어 있습니다. 예를 들어보죠. 변호사가 하는 일의 '내용'은 의뢰인을 변호하는 것입니다. 그리고 '형식'은 로펌에 다닐 경우 '임금 노동자'가 될 것이고, 개인 사무실을 열었다면 '자영업자'가 되겠죠. K씨의 경우, 일의 내용은 현재 A팀에서 하는 업무가 될 것이고, 형식은 임금 노동자입니다.

엄밀히 말해서 '직장인'의 경우 일의 형식은 모두 임금 노동자입니다. 월급을 받고, 출근하고, 퇴근을 하니까요. 하지만 세부적으로 들어가면 어떤 사장, 어떤 팀장을 만나느냐에 따라 조금씩 차이가 납니다. 좋은 사장을 만나면 출퇴근이 조금 자유로워질 수 있고, 좋은 상사를 만나면 눈치 보지 않고 연차를 사용할 수 있습니다.

이제 K씨의 고민을 일의 '내용'과 '형식' 사이의 고민이라고 다시 정의해보죠. 지금 K씨는 A팀의 업무 '내용'은 본인에게 잘 어울리고 좋아하지만, 인간적인 B팀의 팀장을 만나 정신적 육체적으로 편안한 일의 '형식'을 취하고 싶은 것입니다.

일의 '형식', 즉 B팀으로 옳기는 선택도 나쁜 것은 아닙니다. 하루 중 반 이상을 보내는 직장에서 마음이 통하고, 인간적인 사람들과 함께 일하는 것만큼 행복한 일도 없으니까요.

하지만 조금 길게 생각해보세요. 영원히 직장생활을 할 수 있는 사람은 없습니다. 언젠가는 지금의 직장을 떠나야 합니다. 따라서 현재의 직장생활은 '홀로서기'를 위한 준비 과정이라고도 할 수 있을 겁니다. 그렇다면, 일의 '내용'과 '형식' 중 어디에 집중해야 할까요? 단연코 일의 내용입니다.

직장을 떠나는 순간 일의 '형식'적인 측면은 일거에 소거됩니다. 과장·차장·부장이라는 명함도, 꼬박꼬박 입금되던 월급도, 소속감도 휘발될 수밖에 없습니다. 그때 남는 것은 일의 '내용'밖에 없습니다. 특별한 준비를 미리 하지 않았다면 직장을 그만둔 뒤에도 직장에서 했던 그 일의 '내용'으로 밥벌이를 할 수밖에 없습니다. 만약 B팀으로 옮긴다면, K씨는 직장을 떠난 뒤 별 관심도 없고 어울리지도 않는 B팀의 일을 계속하게 될 가능성이 매우 높습니다.

건강한 직장생활이 어떤 것인지 묻는다면 "직장에서 최대한 자신이 좋아할 만하고 자신에게 어울릴 만한 일을 찾는 것이다"라고 답하겠습니다. 직장생활을 하면서 돈을 많이 모으지 않아도, 승진을 못해도 상관없습니다. 다만 직장을 나설 때, "나는 이 일이 참 좋아. 이제 이 일로 밥벌이를 할 거야!"라고 말할 수 있다면 그의 직장생활은 백점입니다. 그런 의미에서 저는 '사람이냐, 업무냐?'라는 질문에 굳이 답하라면 업무라고 말하고 싶습니다. 사실 직장에는 좋은 사람, 나쁜 사람이 따로 없습니다. 어떤 특정한 역할을 수행할 때 누군가에게는 좋은 사람이 되고, 누군가에게는 나쁜 사람이 되는 것일 뿐입니다. 누군가 좋은 사람처럼 보인다면 그것은 그 사람과 나의 이해관계가 일치하는 것일 뿐이죠.

K씨가 조금 더 넓고 길게 보면서 지금 당장 '사람이냐, 업무냐?'의 고민보다는 '내게 행복한 밥벌이는 무엇일까?'라는 수준으로 고민의 질을 높였으면 좋겠습니다. 언젠가 직장을 떠나는 날, "오~ 예! 이제 내가 좋아하는 일 실컷 하면서 밥벌이도 할 수 있다!"라고 웃으며 말할 수 있도록.

제 2 장

인간관계 고민 타파!

Q 담당 중역의 편애 때문에 고민이에요

서른두 살 직장인 S입니다. 현재 다른 사람들 모르게 담당 중역의 MBA 과정을 대신해주고 있습니다. 다행히 담당 중역이 MBA를 하는 곳이 제 모교라서 별 어려움은 없었는데, 담당 임원이 다른 본부로 발령이 나면서 문제가 생겼습니다. 임원의 요청에 따라 저도 함께 본부를 옮기게 되었는데, 본래 신경질적인 임원이 유독 저만 살갑게 대해주니 새로 옮긴 팀 사람들과 어울리지도 못하고 혼자 겉돌고 있습니다. 이제 와서 MBA를 거부할 수도 없고, 팀에 적응하기도 어렵고, 정말 괴롭습니다.

A '남 덕 볼 생각 없는' 당당한 직원이 되세요

담당 임원의 행위를 '편애'라고 규정한 것부터 바로 잡아야 할 것 같네요. 편애, 그것은 누군가를 편향되게 사랑한다는 뜻이잖아요. 하지만 담당 임원은 S씨를 편애하는 게 아니에요. 이용하는 거지. 물론, 활용 가능한 자원 중 중요한 자원인 것은 맞는 것 같습니다. 그러니 다른 곳으로 발령이 나면서 S씨를 데려갔겠죠. 하지만 S씨는 담당 임원으로부터 이용당하고 있다는 점을 분명히 해둘 필요가 있습니다. 진단이 잘못되면 해결책 역시 잘못 나올 수밖에 없으니까요.

담당 임원을 원망할 필요는 없습니다. 사실 그와 S씨 사이에는 모종의 암묵적 거래가 있었던 것이니까요. 팀원들과의 사이가 어색해진 이유는, 팀원들 역시 무언가 떳떳하지 못한 거래가 있었다는 것을 어느 정도 눈치 챘기 때문입니다.

임원의 편애 때문에 팀 동료들과 잘 지내지 못하는 것은 문제의 본질이 아닌 것 같습니다. 문제의 본질은 S씨가 누군가에게 기대려고 한다는 거예요. 혼자서 당당하게 직장생활을 헤쳐 나가겠다고 마음먹은 사람이라면 임원의 MBA를 대신해주지는 않을 테니까요. 누군가에게 기대고 싶다는 내적 유약함을 근본적으로 해결하지 못한다면 이와 비슷한 문제는 계속해서 나타날 거예요. 다만 그 대상은 팀장이나 선배 혹은 애인이나 배우자로 바뀌셨시만 발이에요.

저는 S씨가 마음속에 이런 다짐을 하면서 살았으면 좋겠어요. '남 덕 볼 생각 없다!' 만약 어쩔 수 없이 누군가와 거래 관계로 만나야 할 때는 당당하게 그걸 밝혔으면 좋겠어요. "내가 이걸 해줄 테니, 당신은 저걸 해주세요!"라고.

명백한 거래관계에 있으면서도 그것을 직접적으로 말하지 않는 이유는 둘 중 하나예요. 뒷거래 따위는 하지 않는 순수한 사람으로 보이고 싶거나, 자신이 준 것보다 더 많은 것을 받고 싶거나. 전자가 허영에 가득 찬 사람이라면 후자는 탐욕에 가득 찬 사람이죠.

자신은 직장 상사를 인간적으로 정말 좋아한다고 말하며 평일 술자리는 물론 주말 골프, 등산까지 기꺼이 함께했던 사람을 알고 있습니다. 그는 결코 어떤 대가도 바라지 않는다고 강변했습니다. 하지만 그 상사가 자신이 아닌 다른 사람을 승진시키자 그 상사와의 관계는 급격히 소원해졌습니다. 아닌 척했지만 그는 결국 주위 사람들은 물론 그 자신까지 '나는 승진을 위해 아부하는 천박한 인간이 아니야' 하며 속이고 있었던 겁니다.

이제 결론을 말해야겠네요. 저는 S씨가 임원의 MBA를 하지 않았으면 좋겠어요. 차라리 그 시간에 S씨의 업무를 더 열심히 해서 임원이나 그 누구의 도움 없이도 스스로 당당할 수 있는 유능한 직장인이 되었으면 좋겠습니다. 누군가에게 기대어 서 있는 것은 얼핏 보면 내 두 다리로 서 있는 것보다 안정적인 것처럼 보이지만, 사실 그것은 불안하기 짝이 없는 것이잖아요. 상대가 빠져나가버리면 나는 여지없이 넘어져 버리게 되니까요. 그래서 의존적인 사람은 항상 그 버팀목을 따라 다닐 수밖에 없는 거예요. 만약 여러 가지 사정으로 거절할 수 없다면 임원에게 당당하게 이야기했으면 좋겠어요.
"제가 MBA를 대신 해드리니까, 이번에는 저를 승진시켜주고 일찍 퇴근하게 해주세요"라고. 그 정도의 당당함만 있다면 MBA를 대신 하건 안 하건 전혀 문제 될 것이 없을 것 같아요. 정말 중요한 것은 언제 어디서나 혼자 서 있을 수 있는 '남 덕 볼 생각 없는' 당당한 사람이 되는 것입니다. 스스로 당당할 수 있다면 지금의 고민은 아무런 고민도 아니게 될 겁니다.

Q 뒤에서 욕하는 사람들 때문에 힘들어요

경기도 사는 스물일곱 살 여자 직장인 P입니다. 요즘 회사 가기가 싫습니다. 앞에서 하하호호 즐겁게 이야기하다가 뒤에서는 헐뜯고 욕하는 모습 때문에 너무 힘들어요. 저는 좋은 것은 좋다, 싫은 것은 싫다고 감정을 정확하게 표현하는 편인데, 사람들은 뒤돌아서서 핀잔을 주고 험담을 해요. 더욱 큰 문제는 이렇게 앞뒤가 다른 사람들과 오래 있다 보니 진심으로 대해주는 사람들에게까지 거부감이 생기기 시작했다는 겁니다. '앞에서는 이렇게 잘해주지만, 뒤에 가서는 또 내 욕을 하겠지?' 하면서 말이에요.

A 감당할 수 있을 만큼만 가면을 벗으세요

1. 우선, P씨는 굉장히 건강한 분이라는 얘기를 하고 싶네요. 종종 나이가 들면서 삶이 흉측해진 사람을 만날 때가 있습니다. 자신의 감정을 너무 오랜 시간 부정했기 때문입니다. 감정을 드러낸다는 것은 자신의 맨얼굴을 드러낸다는 의미입니다. 그런데 대부분의 사람들은 먹고 살기 위해, 상처를 받지 않기 위해 겹겹의 가면을 쓰고 살아갑니다.

쓰레기 같은 상사와 사장에게 존경한다고 말하면서 굽실거리는 삶을 지속할 때, 진상 손님에게 전혀 잘못한 게 없는데도 연신 죄송하다고 사정해야 하는 삶을 지속할 때, 같이 있는 것이 불편하기 짝이 없는 사람이지만 대학 동기라는 이유만으로 웃으며 인사하고 지내야 하는 삶을 지속할 때 우리 삶은 피폐해지고, 우리의 맨얼굴은 점점 더 흉측해 질 수밖에 없습니다.

사람의 감정은 마치 용수철과 같아서 계속 억압하고 누르면 전혀 엉뚱한 곳에서 튀어나올 수밖에 없습니다. 저 역시 직장생활을 하는 동안 엄청 스 트레스를 받은 적이 있습니다. 팀장의 말도 안 되는 업무 지시와 폭언을 고스란히 견뎌야 했습니다. 그때마다 저는 아무렇지 않은 듯한 표정의 가 면을 썼지요. 그렇게 가면을 쓰면 모든 것이 지나갈 줄 알았습니다. 하지만 그것은 심각한 오판이었습니다. 이유 없이 직장 후배들에게 화를 내거나 혹은 아내에게 짜증을 내는 나 자신을 발견하고 소스치게 놀랐습니다. 거

울에 비친 내 모습이 그렇게 흉측할 수가 없었습니다.

좋은 것을 좋다고 말하지 못하고, 싫은 것을 싫다고 말하지 못하는 삶은 그렇게 위험한 것입니다. 그런 면에서 P씨는 아주 건강하고 또 자신의 삶을 잘 살아내고 계신 겁니다. 많은 사람들이 맨얼굴을 드러내지 못하는 이유는 너무 오래 가면을 쓰고 있어서 이미 흉측해진 자신의 맨얼굴을 마주할 용기가 없어서일 겁니다.

이제 직장 동료들이 왜 P씨를 비난하는지 그 이유를 알 수 있을 것 같습니다. 자신은 먹고살기 위해 겹겹의 가면을 쓰고 있는데, 당당하게 자신의 감정을 표현하니까 불편한 것입니다. 아니 성식하게 말하면 익울한 것이지요. 똑같은 월급 받으면서 누구는 할 말 다하고 누구는 눈치 보고 사는 것 같아서 억울한 것이지요. 이제 그런 동료들의 비난에 신경 쓰지 마세요. 사실 그들은 P씨의 삶을 부러워하는 것이니까요. '우리가 얼마나 행복한가?' 혹은 '우리가 얼마나 건강한가?'는 정확히 '우리가 얼마나 자신의 감정에 정직한가?'라는 질문과 일치합니다.

2. 하지만 여전히 고민은 해결되지 않으셨겠지요? 아무리 스스로의 삶을 긍정해도 주변 사람들의 태도는 바뀌지 않을 테고, P씨는 그로 인해 계속 스트레스를 받겠지요. P씨에게 진심으로 다가오려는 사람에게 거부감이 생기는 이유도 바로 스트레스 때문일 것입니다. 하지만 이런 문제가 발생한 근본적인 이유는, 사실은 P씨가 욕심쟁이이기 때문입니다.

P씨는 어디에 있건 자신의 감정을 정직하게 표현하고, 그 감정 그대로 사람을 대할 것입니다. 그건 주위에 있는 모든 사람과 위선적인 관계가 아닌 진

심이 통하는 관계를 맺고 싶어서입니다. 하지만, 평생 동안 진짜 친구가 한 명만 있어도 성공한 인생이라는 말이 있을 정돈데, 모든 사람들과 진심이 통하는 관계를 만들려고 하니, 그보다 더 큰 욕심이 있을까요?

사람들은 왜 가면을 쓰고 살아갈까요? 앞에서도 말했지만, 가면을 하나 벗을 때마다 감당해야 할 삶의 무게 역시 고스란히 늘어나기 때문입니다. 재수 없는 직장 상사에게 "팀장님, 정말 재수 없어요!"라고 말한다면, 당장 잘릴지도 모릅니다. 호감이 있는 이성에게 무작정 "당신이 정말 마음에 듭니다!"라고 말하면, 아주 큰 무안함과 창피함을 감당해야 할지도 모릅니다. 단 하나의 가면도 쓰지 않고 살아간다면 참으로 훌륭한 삶, 아니 위대한 삶입니다. 그 삶이 마냥 즐겁고 행복해서가 아니라 엄청난 삶의 무게를 고스란히 감당하고 있기 때문입니다.

저는 P씨가 가면을 벗고 행복하고 건강하게 살아가려는 것 같아 진심으로 응원하고 격려해드리고 싶습니다. 하지만 한편으로는 그 가면을 벗음으로써 감당해야 하는 삶의 무게를 외면하려는 것은 아닌지 걱정도 됩니다. 인생에 공짜는 없습니다. 하나를 얻으려면 하나를 내려놓아야 합니다.

모든 가면을 벗고 살 때 찾아올 삶의 무게를 감당할 수 있다면 그리 사서도 좋습니다. 하지만 아직 그 정도로 강건하지 않다면, 감당할 수 있는 삶의 무게만큼만 가면을 벗었으면 좋겠습니다. 조금 더 구체적으로 이야기하자면, 직장에서 진정한 관계를 찾지 않았으면 좋겠어요. 직장은 누군가와 진정한 관계를 만들기에는 매우 부적합한 공간이기 때문입니다.

생각해보세요. 팀장에게 모든 가면을 벗고 "이번 프로젝트가 너무 힘들어요" 하고 털어놓는다면 과연 팀장은 그 아픔을 느낄 수 있을까요? 그보다는 이번 프로젝트를 맡긴 것을 후회하게 될 겁니다. 저 역시 그런 상처를 받은 적이 있습니다. 정말 믿었던 동료에게 아픈 과거를 이야기했는데, 그는 그것을 다른 동료들에게 마치 가십처럼 이야기하곤 했거든요.

조금 더 정직해지는 것이 필요할 것 같습니다. P씨는 왜 직장에 들어왔나요? 진정한 인간관계를 맺기 위해? 아닐 겁니다. 아마도 돈을 벌기 위해 들어왔을 겁니다. 그러니 직장에서는 돈만 벌면 됩니다. 만약 직장에서 정말 좋은 사람을 만난다면 그것은 '덤'일 뿐입니다. 직장에서는 돈을 벌고, 직장 밖에서 진정한 관계를 가꾸는 것이 현명한 방법일 겁니다. 진정한 관계는 언제나 이해관계가 없는 곳에서 시작되니까요.
가면을 벗어야 할 곳과 써야 할 곳을 잘 구별하셨으면 좋겠어요. 그것이 우리처럼 평범한 사람들이 행복하고 건강하게 살 수 있는 현실적인 대안이라고 생각합니다.

 팀을 옮기고 싶은데 팀장이 안 보내줘요

서울에 사는 서른두 살 직장인 R입니다. 평소 '좋은 게 좋은 거다' 하는 식으로 직장생활을 해왔는데, 요즘 고민이 생겼습니다. 사실 근 3년 동안 전공과 관련이 없는 일을 매일 반복하고 있기 때문에 일에 애착이 별로 없습니다. 그래서 전공을 살릴 수 있는 팀으로 옮기고 싶다고 상사에게 넌지시 이야기를 했는데, "말도 안 되는 소리 하지 마! 지금 얼마나 바쁜데 그런 철딱서니 없는 얘기를 하는 거야!" 하면서 핀잔만 들었습니다. 일도 재미가 없지만, 10년 뒤 내가 뭘 하고 있을까 생각하니 이제는 정말 출근하는 것이 지옥 같습니다.

 정말 팀을 옮기고 싶다면 제대로 싸워서 이기세요

조금 야박하게 이야기를 시작해야 할 것 같네요. 제가 보기엔 고민 상담이 아니라 투정을 부리고 있는 것 같아요. 직장을 옮기는 것도 아니고, 새로운 삶을 위해 직장을 그만두는 것은 더더욱 아니고, 그저 팀을 옮기는 건데 뭐가 그렇게 큰 고민인가요? 제 일이 아니라고 함부로 이야기하는 것이 결코 아닙니다.

지금 고민의 핵심은 '넌지시'입니다. 이처럼 에둘러서 말한다는 것은 안전한 곳에 서서 자신의 인생을 방관하는 것과 마찬가지입니다. 어떤 직장이든 단호하고 분명하게 말하면 팀을 옮길 수 있습니다. 그런데도 '넌지시' 이야기했던 이유는 '단호하고 분명하게 말했다가 불이익을 받지 않을까?' 하는 걱정 때문이었을 겁니다. 이런 식으로는 안 됩니다. R씨는 할 수 있는 일은 다 했다고 생각할지 몰라도, 냉정하게 보면 사실은 아무것도 하지 않은 겁니다.

혹시 학창시절에 싸움을 해보셨나요? 싸움을 하면 누가 이기던가요? 힘이 센 친구? 기술이 좋은 친구? 아닙니다. '오늘 둘 중에 하나는 죽는다!'는 각 오로 싸우는 친구가 이기게 되어 있습니다. '내일 시험 잘 쳐야 되는데' '싸 우다 맞으면 아프지 않을까?' 하고 생각하는 친구는 무조건 지게 되어 있 습니다. 마찬가지입니다. 팀을 바꾸는 것도 어찌 보면 팀장과의 싸움이라 고 할 수 있습니다. 팀장 입장에서는 당연히 애써 키워놓은 팀원을 다른 팀 으로 보내고 싶지 않을 테고, R씨 입장에서는 지금 팀으로 출근하는 것이 지옥 같으니까 서로 물러설 수 없는 대립을 하고 있는 셈이죠. 이것이 싸 움이 아니면 무엇일까요?

그 싸움에서 R씨는 팀장에게 졌습니다. 왜 졌을까요? 아무것도 잃고 싶지 않았기 때문입니다. 비유하자면 팀장은 힘도 세고, 기술도 좋은 친구입니 다. R씨는 뭐가 있나요? 직장에서 부하직원은 언제나 약자일 수밖에 없습 니다. 약자가 강자를 이기려면 많은 것을 걸어야 합니다. '내일 시험 못 봐 도 오늘 저 새끼는 조진다!' '몇 대 맞더라도 오늘 저 새끼 때려눕힌다!'라고 생각해야 겨우 싸움에서 이길 수 있습니다. 그런데 정작 R씨는 팀장과의 싸움에서 겨우 '넌지시' 말했을 뿐입니다. 팀장은 이미 정확하게 알고 있었 던 겁니다. '말하는 뽄새를 보니 대충 핀잔이나 한 번 주면 그냥 팀에 남아 조용히 일하겠구먼'이라고.

정말 일도 재미없고, 미래도 걱정되고, 지금 하고 있는 일이 지옥처럼 느껴
진다면 지금 걸 수 있는 모든 것을 걸고 단호하게 이야기하세요. 팀을 옮
기고 싶다고.

너무 야박하게 이야기한 것 같아 조금 죄송스럽기도 합니다. 하지만 분명
한 것은 자신이 원하는 삶을 살아내는 것은 아름답고 고상한 일이 아니라
는 겁니다. 그것은 거칠고 펄떡거리는 싸움입니다. 그리고 그 싸움에서 이
기기 위해 우리에게 필요한 것은 야성입니다. 자신이 원하는 삶을 살아내
기 위해 어떤 문제도 회피하지 않고 당당하게 맞서는 야성 말입니다.
지금 R씨에게 정말 필요한 것은 팀을 옮기는 것이 아니라 바로 그 야성이
아닐까요? 저의 이 야박한 글이 R씨의 야성을 흔들어 깨울 수 있는 단초
가 되기를 바랍니다.

Q 회식이 너무 괴롭습니다

저는 어려서부터 기독교 신앙이 깊어서 술을 많이 마시지 않는 편입니다. 체질상 술이 잘 맞는 편도 아니고요. 그런데 우리 팀은 회식이 너무 잦습니다. 게다가 끝까지 술을 먹이는 게 우리 회사의 문화입니다. 한번은 팀장이 주는 술을 거절했다가 선배한테 "직장생활 그렇게 하는 게 아니다. 너 그러다 큰일 난다" 하는 꾸중을 들었습니다. 억지로 술을 마시고 나면 몸이 힘든 것보다 뭔지 잘 모를 좌절감 때문에 더 힘이 듭니다. 직장을 그만둘 생각은 없지만, 매일 벌어지는 회식을 견뎌낼 자신도 없습니다. 무슨 방법이 없을까요?

A 스스로 '파문'을 당해보세요

1. 직장 회식이 무엇인지부터 한번 생각해볼까요? 그것은 일종의 축제 같은 겁니다. 사냥을 끝낸 사람들끼리 성공적인 사냥을 자축하는 그런 축제. 그리고 그 축제는 다음 사냥에 대한 의욕을 고취시키는 역할도 합니다. 문제는 그 축제가 전혀 즐겁지 않다는 거죠? 그럼에도 참석을 강제하고, 술을 강권하는 게 더욱 싫고.

하지만 회식을 싫어하는 데에는 그보다 더 본질적인 이유가 있습니다. 그것은 우리네 직장의 경우 사냥(일)을 하는 시간이 너무 길다는 겁니다. 축제를 즐기려면 사냥을 하고 난 뒤에도 충분한 에너지가 남아 있어야 합니다. 또한 사냥감을 가족들과 나눠 먹을 충분한 시간도 있어야 합니다. 하지만 우리네 직장인들은 오랜 사냥(일) 때문에 체력은 이미 퍼질 대로 퍼져버렸고, 가족들과 사냥감을 나눠 먹을 시간도 턱없이 부족합니다. 이 때문에 회식이라는 축제를 더 이상 즐길 수 없게 된 것입니다.

직장은 더우면 벗고, 추우면 입는 옷과 같습니다. 각자 자신의 취향과 라이프 스타일에 맞춰 옷을 입듯이, 직장 역시 그렇게 대하면 됩니다. 물론 사람에 따라 옷의 종류는 다를 수 있습니다. 직장을 반팔 티처럼 가볍게 생각하는 사람도 있고, 오리털 파카나 값비싼 정장처럼 생각하는 사람도 있겠지요. 하지만 오리털 파카가 아무리 비싸고 중요해도 한여름에 그걸 입고 있을 수는 없는 노릇 아닌가요?

고민에 대한 원론적인 답은 "직장을 옮겨라" 하는 것입니다. 신앙심이 깊고, 술도 잘 마시지 못하는 사람은 그에 걸맞은 직장을 찾아야 합니다. 뻔한 해결책을 외면한 채 계속 지금 직장을 다니다 보면 점점 자신을 잃어간다는 느낌에 잠식당해 갈 겁니다. 이미 그 느낌을 직감하고 계시는 것 같네요. 술 마신 다음 날 느껴지는 그 이상한 좌절감이 바로 자신을 잃어가는 느낌입니다. 행복하게 살기 위해 직장을 다니는 것이지, 직장을 행복하게 다니기 위해 삶을 사는 것은 아니라는 당연한 사실을 잊지 마세요.

2. 어쩌면 속으로 이런 생각이 드실 거예요. '누가 몰라? 직장 옮기면 되는 줄!' 맞습니다. 여러 가지 현실적인 조건들 때문에 선뜻 직장을 옮기지 못한다는 것을 제가 어찌 모르겠습니까? 또 막상 마음을 먹었다 해도 자신

에게 어울리는 직장으로 옮겨갈 수 있다는 보장이 없는 것도 사실이고요. 만약 제가 말씀드린 것처럼 쿨하게 직장을 떠날 수 있었다면 애초에 지금과 같은 고민은 하지 않으셨겠지요.

최선은 용기를 내어 나와 어울리는 직장으로 옮겨가는 것이지만 그것이 여의치 않다면 차선책을 고민해보아야겠네요. 차선책은 자발적으로 '파문'을 당하는 겁니다. 그럴 수만 있다면 직장을 그만두지 않고도 어느 정도 자신의 삶을 유지할 수 있습니다.

그런데 혹시 '파문'이라는 단어 때문에 거부감이 들지도 모르겠네요. 파문, 말만 들어도 무엇인가 두렵고 무섭기까지 하죠? 하지만 사실은 별게 아닙니다. 파문은 영어로 'Excommunication'입니다. 의사소통(communication)에서 제외된다(ex-), 즉 특정한 집단에서 사람들과 대화할 수 없게 되는 것이 바로 파문인 셈입니다.

파문이라는 단어에 거부감이 든다면 이런 표현은 어떨까요? '직장 동료들과 거리 두기'.

자발적 파문은 무서운 것도 두려운 것도 아닙니다. 그냥 직장 동료들과 대화를 줄이면서 적정한 거리를 유지하는 것입니다. 그렇게 자발적으로 직장 동료들과 거리를 둘 수 있다면, 그 거리만큼 자신의 삶을 지켜낼 수 있을 겁니다.

직장 동료들은 이미 그 직장의 문화를 받아들이고 완전히 체화한 사람들입니다. 그들과 친해지는 방법은 같이 회식을 하고, 술을 진탕 마시고, 함께 인사불성이 되는 것입니다. 이런 사람들과 가까운 사이가 되면 어찌 될까요? 술자리 자체를 거부하기도 힘들고, 동료들이 다들 만취할 때 혼자만 맨 정신으로 있기는 더욱 힘들겠지요.

물론 술자리에 참석해서 술을 안 마시는 사람도 있기는 합니다. 하지만 고민을 주신 분의 회사는 회식 자리에서 술을 안 마실 수 있는, 그런 개인의 다양성을 존중하지는 않을 것 같습니다. 회식 자리에서 술을 안 마신다면 분명 갖가지 핀잔을 듣거나 알게 모르게 직장 동료들 사이에서 소외되겠지요. 그뿐인가요? 그런 의미 없는 술자리에 참석했다가 밤늦게 집으로 돌아가는 길에 느껴야 하는 그 허무함, 허탈감은 정말 겪어보지 않은 사람은 알 길이 없습니다.

직장을 그만둘 수도 없고, 자신과 어울리지 않는 기업문화에 적응하고 싶지도 않다면 동료들과 적절한 거리를 두어야 합니다. 물론 그런 거리를 두기 때문에 때로 불안하고 외롭기도 할 것이고 가끔은 직·간접적인 불이익을 감당해야 할 수도 있습니다. 당연하지요. 제가 본 대부분의 직장은 조폭문화에서 크게 벗어나지 않았으니까요. 내 편과 네 편을 갈라, 각자 자신의 보스에게 충성하는 정도에 따라 이익 혹은 불이익이 주어졌습니다. 그러니 동료와 거리두기가 어찌 불안하고 외롭지 않을 수 있겠습니까.

하루 중 가장 많은 시간을 보내야 하는 직장에서 마음 터놓고 이야기할 사람이 없으니 정말 외롭고 힘든 시간이 될 겁니다. 그러니 동료들과 거리를 두는 것 역시 쉬운 일이 아닐 겁니다. 하지만 폭력적인 기업문화로부터 자신을 지키는 길은 사실상 두 가지 방법밖에 없습니다. 직장을 그만두거나 동료들과 거리를 두거나. 그것이 제가 본 직장의 있는 그대로의 진실입니다. 두 가지 방법이 모두 쉬운 일은 아니겠지만 결국 하나를 선택하셔야 할 겁니다.

대체로 직장인들은 아무것도 선택하지 못한 채 자신의 정체성과 개성을 잃고 조직의 부품으로 살게 됩니다. 지금 매일 같이 회식을 하자던 김 부장, 박 차장도 한때는 그 지긋지긋한 회식을 빠질 수만 있으면 빠지고 싶다고 생각했던 김 과장, 박 대리였을 겁니다. 지금 고민을 주신 분처럼 말입니다. 그들은 그때 그 고민에서 직장을 그만두는 선택도, 동료들과 거리를 두는 선택도 하지 못했기에 직장이라는 물결에 휩쓸려 지금의 김 부장, 박 차장이 된 것입니다. 고민을 주신 분은, 김 부장이나 박 차장의 삶을 살지 않았으면 좋겠습니다. 삶이 일에 잠식당하는 것보다 허망한 인생도 없으니까요.

팀장하고 관계가 안 좋아서 회사를 가기 싫어요

'직장에서 할 말은 하고 살아야 한다'는 작가님 말씀대로 하다가 상사와 사이가 안 좋아졌습니다. 한번은 팀장이 업무 지시를 애매하게 해서 "팀장님, 업무분장이 제대로 안 된 것 같은데, 이러면 타 팀과 마찰이 있을 수밖에 없지 않을까요?"라고 말했더니 팀장이 "너 요즘 왜 그래? 예전에는 시키면 시키는 대로 하더니, 왜 그리 불평불만이 많아!"라고 화를 내더군요. 이런 충돌이 몇 차례 있은 뒤 관계가 돌이킬 수 없이 안 좋아진 것 같습니다. 이젠 회사를 가는 것조차 싫어지고 있어요. 솔직히 작가님이 조금 원망스럽기도 합니다.

어느 곳에서든 당당한 주인으로 사세요

죄송하다고 해야 할까요, 축하한다고 해야 할까요? 우선은 제 조언 때문에 직장생활이 더 힘들어졌으니까 죄송하다는 말씀을 드려야겠네요. 하지만 잘하신 건 맞아요. 기억이 나네요. 예전에 고민을 보내셨던 거요. 팀장이 업무를 대충 지시해놓고는 닦달해서 힘들다는 그런 내용이었죠. 그래서 제가 아마 그리 답했을 겁니다. 팀장이 애매하게 지시를 하면 끝까지 따져 물으라고. 그리고 지금은 저의 조언을 따르셔서 또 많은 문제가 발생한 것이지요?

잠시 고민도 잊을 겸 가볍게 영화 이야기를 먼저 해볼까요? 혹시

《혹성탈출 : 진화의 시작》(루퍼트 와이어 감독, 2011년)이라는 영화 보셨나요? 이 영화에는 주인공인 과학자 '윌 로드만'과 침팬지 '시저'가 나옵니다. 그리고 시저는 종종 윌에게 고개를 숙인 채 마치 왕을 모시듯 악수를 구걸하곤 합니다. 노예가 주인에게 하는 충성의 표시이지요. 그런데 시저는 윌이 아버지 치매를 치료하기 위해 개발한 약 때문에 갑자기 지능이 매우 높아져버렸습니다.

문제는 여기서부터 발생합니다. 이런저런 사건을 겪으며 시저는 유인원들의 수장이 됩니다. 윌은 인간들과 싸우다 도망친 시저를 찾으러 숲으로 옵니다. 그런데, 놀랍게도 넘어져 있는 윌에게 손을 내민 시저의 모습은 예전과 달리 너무도 당당했습니다.

윌은 시저에게 말합니다. "집으로 돌아가자. 내가 너를 보호해줄게." 윌을 물끄러미 바라보던 시저는 대답합니다. "여기가 내 집이야." 윌은 당황합니다. 침팬지가 말을 했다는 사실 때문만이 아니라 예전의 '애완동물'이 당당하게 스스로 주인으로 서려고 했기 때문일 것입니다. 어느 순간 노예가 동등한 관계를 요구할 때 주인은 당황할 수밖에 없습니다.

제가 영화 이야기를 왜 했는지 눈치 채셨나요? 저는 고민 주신 분이 직장에서, 아니 어느 곳에 있더라도 당당하게 주인으로 살기를 바랐습니다. 하지만 그것은 거저 되는 것이 아닙니다. 팀장은 고민 주신 분을 그저 시키면 시키는 대로 군말 없이 따르는 고분고분한 부하직원으로 여기고 있으니까요. 팀장은 지금 화가 난 것이 아니라 자신보다 더 당당한 시저를 보고 당황한 윌처럼 '어, 이제 얘한테 대충 일을 시킬 수 없겠는데?' 하며 당황하고 있는 겁니다.

이제야 왜 서두에 '축하한다고 해야 할까요?'라고 했는지 말할 수 있을 것 같습니다.

고민 주신 분은 지금 시키면 시키는 대로 하던 노예에서 당당하게 자신의 요구를 말하는 동료 직원이 되는 과도기에 서 있습니다. 그 과도기만 넘으면 직장에서든 밖에서든 당당하게 주인으로 살아낼 수 있게 되었으니 어찌 축하를 하지 않을 수 있을까요?

돌아보세요. 그렇게 당당하게 자신의 이야기를 팀장에게 하고 난 이후 팀장이 말도 안 되는 업무를 시키거나 대충 업무지시를 하는 일은 현저히 줄었을 겁니다. 당연하죠. 아무리 팀장이라도 당당하게 자신의 주장을 하는 팀원은 함부로 대할 수 없으니까요.

팀장과 조금 불편해진 대신 부당한 업무로부터 자유로워졌고, 본인의 인생에서도 주인으로 서기 시작했으니 충분히 남는 장사 아닌가요? 더욱 희망적인 것은 팀장이 겪고 있는 지금의 당황스러움이 그치고 나면 고민 주신 분을 노예 같은 부하직원이 아니라 의견을 나누며 함께 일해야 하는 동등한 동료로 대할 것이란 사실입니다. 직장에서 당당하게 자기 이야기를 하는 사람은 직급과 관계없이 누구에게든 동등한 동료로 인정받을 수밖에 없습니다. 그래서였을까요? 영화 마지막에 윌 역시 시저에게 자신의 길을 가라고 말해줍니다. 애완용 침팬지가 아니라 동등한 친구로서 말입니다.

'칼 마르크스'는 이렇게 이야기했습니다. "주인이 존재하는 이유는 그를 주인으로 모시는 노예가 있기 때문이다." 직장도 마찬가지입니다. 원래 고압적이고 강압적인 팀장이 존재하는 것이 아니라 그를 고압적이고 강압적인 팀장으로 모시는 부하직원이 있기 때문에 그런 팀장이 있는 것이 아닐까요? 우리 모두가 스스로 당당해질 수 있다면 강압적이고 고압적인 팀장은 존재할 수 없습니다.

이제껏 노예의 자리에 있었던 사람이 스스로 주인으로 서려고 한다면 일정 정도의 마찰과 그 마찰에 따른 불편함은 어쩔 수 없는 것입니다. 주인은 언제까지나 주인의 자리에서 군림하고 싶어 할 테니까요.

너무 힘들어하지 않으셔도 됩니다. 크게 걱정할 필요도 없습니다. 당분간 팀장과의 불편함을 견뎌보세요. 분명 어느 순간부터 고민 주신 분을 함부로 대하지 못하는 것은 물론 업무를 시키기 전에 본인의 의견을 물어보거나 업무 진행에 필요한 것은 없는지 의견을 구하는 팀장의 모습을 보게 될 테니까요.

그리고 최악의 경우, 계속 팀장과 불편한 관계로 지내더라도 상관이 없습니다. 주인과 노예로 친하게 지내는 것보다, 조금 불편하지만 동등한 동료로 지내는 것이 훨씬 더 남는 장사 아닐까요? 설마 시저가 월과 원만하게 잘 지내기 위해 영원히 애완용 침팬지라는 노예로 남아 있어야 한다고 생각하는 것은 아니겠죠?

Q 게으른 후배를 어떻게 가르쳐야 할지 모르겠어요

건설업에 종사하고 있는 4년 차 직장인 B입니다. 꽤 오래 막내 생활을 하다가 올해 초에 신입사원을 받았습니다. 막내의 어려움을 잘 알고 있기에 정말 잘해주려고 노력했습니다. 그런데 그게 잘못이었던 것 같습니다. 긴장감도 없고, 조금 어렵거나 새로운 일을 시키면 힘들어서 못하겠다고 하기 일쑤입니다. 팀장이나 선배들도 교육 똑바로 시키라고 한마디씩 하는 상황입니다. 따끔하게 한마디를 해야 할 것 같은데, 한편으로는 후배가 상처를 받을까 봐 걱정이 되기도 합니다. 이러지도 못하고 저러지도 못하고 참 답답하네요.

A 완벽한 선배도 없고, 완벽한 후배도 없습니다

우선 바로 잡아야 할 것이 있습니다. 후배가 상처를 받을까 봐 따끔하게 지적을 하지 못한다고 하셨죠? 이건 허영입니다. 사실은 후배에게 '뒷담화'를 들을지도 모른다는 두려움 때문이니까요. 더 적나라하게 말하자면 본인이 선배들에게 했던 뒷담화가 후배를 통해 다시 자신에게 돌아올지도 모른다는 두려움입니다. 그러니까 후배에게 싫은 소리를 하지 못하는 이유는, 후배가 상처를 받을까 봐서가 아니라 관계가 틀어질까 봐서인 것이지요.

여기서 중요한 점은 '후배의 여러 가지 행동이 정말 싫은 소리를 들어야 할 정도의 잘못이냐?' 하는 것입니다. 하지만 이 부분이 사실은 매우 모호합니다. 일하면서 긴장감이 없다거나 어려운 일, 새로운 일에 자신 없어 하는 것이 정말 잘못한 것인지는 쉽게 판단할 수 있는 일이 아니니까요. 어쨌든 자신의 입장에서 상황을 보고 판단할 수밖에 없습니다. 그렇다면 신입사원에게 아무런 교육도, 조언도, 쓴소리도 하지 말고 마냥 내버려두어야 할까요? 그건 또 달리 생각해보아야 할 문제입니다. 어떤 직장이든 익혀야 할 업무적 기술도 있고, 남의 돈을 받고 일하는 직장인으로서 응당 가져야 할 기본적인 태도도 있게 마련이니까요. 그러니까 필요하다면 선배가 후배에게 교육, 조언, 쓴소리를 할 수도 있지요.

여기서 조금 더 고민해보아야 할 것은 그 기준을 일률적으로 정할 수 없다는 점입니다. 각자의 상황에 맞춰 교육하고, 조언하고, 쓴소리를 할 수밖에 없습니다. 완벽한 인간이 없듯 완벽한 선배도 없으니까요. 그러니 후배에게 싫은 소리를 해야 할 때는 하면 됩니다.

문제는 '그 기준이 무엇이냐?' 하는 것입니다. 저는 B씨에게 어떤 기준을 가지고 후배를 교육하거나 쓴소리를 해야 한다고 말할 수 없습니다. '이것은 욕먹을 만한 행동이야, 저렇게 일하면 따끔하게 지적해야지'라는 명확한 기준도 제시할 수 없습니다. 저는 B씨의 직장도 모르고 B씨가 처한 상황도 모르니까요. 그렇지만 후배에게 쓴소리나 비판을 하지 말아야 할 두 가지 경우만은 분명히 말해줄 수 있을 것 같습니다. 이 두 가지 경우만 피한다면 저는 얼마든지 후배에게 쓴소리 혹은 비판을 해도 좋다고 생각합니다.

우선 직장을 다니면서 쌓인 나 자신의 피해의식 때문에 후배를 다그치거나 비판해서는 안 됩니다. 군대를 생각해보세요. 선임이 후임을 못살게 구는 것이 진심으로 후임을 위해서였을까요? 물론 아닙니다. 대부분은 소위 '본전 생각' 때문에 그러는 것입니다. '내가 후임일 때는 얼마나 고생했는데, 네가 편한 꼴은 못 보겠다!' 하는 심보죠.

직장에도 그런 유치한 본전 생각이 존재합니다. 바로 그 본전 생각이 피해의식의 다른 이름입니다. '나는 신입사원 때 시키는 대로 군말 없이 다 했는데, 너는 뭘 불평이 그리 많은 거냐?' 하는 본전 생각 혹은 피해의식이 든다면 후배에게 아무 말도 하지 말고 그냥 내버려두세요. 후배는 직감적으로 압니다. 자신을 위해서 조언을 하는 것이 아니라 피해의식 때문에 다그친다는 사실을. 그렇게 피해의식 때문에 후배를 다그치기 시작하면 자신은 피해의식에 찌든 못난 선배가 되고, 후배와의 관계는 더욱 악화될 겁니다.

그리고 또 하나. 자신의 이해관계 때문에 후배를 다그치거나 비판해서는 안 됩니다. 건설업이라면, 모르긴 몰라도 군대 문화가 아주 깊숙이 배어있을 것입니다. 그런 곳에서는 상사들이 신입사원의 잘못을 직접 지적하지 않고 신입사원의 선배인 B씨를 나무랄 것입니다. 때로는 후배가 해야 할 업무를 잘 해내지 못해서 선배가 대신 해야 할 경우도 생길 수 있습니다. 특유의 군대식 관습이지요.
이런 상황에서 후배 때문에 어떤 불이익을 받는 것이 못마땅하고 싫어서 후배를 다그치고 비판해서는 안 됩니다. 후배 때문에 자신이 더 많은 일을 해야 되고 상사에게 욕먹는 게 싫어서 "다 너를 위해서 하는 말이야"로 시작하는 훈계나 잔소리를 해서는 안 됩니다. 차라리 정직하게 말하는 편이 낫습니다. "똑바로 해라, 너 때문에 팀장한테 내가 욕먹었다" "잔소리하지 말고 그냥 일해라. 네가 안 하면 내가 해야 되니까"라고 말입니다.

후배에게 쓴소리를 해야 한다면 반드시 후배를 위한 것이어야 합니다. 조언을 하는 방식이 쓴소리냐 아니면 부드러운 방식이냐 하는 것은 중요하지 않습니다. 어떤 방식이든 후배는 압니다. 진심으로 자신을 위한 것인지 본인이 편하기 위한 것인지.

사실은 우리 역시 다 알고 있습니다. 학창시절, 선생이 자신의 분풀이를 위해 체벌을 하는지, 정말 학생들을 위해 체벌을 하는지 고스란히 느낄 수 있었으니까요.

진심으로 후배를 아끼는 마음이라면 얼마든지 쓴소리, 비판 아니 욕을 해도 됩니다. 그 순간에는 아프고 속상하겠지만, 후배도 이내 진심을 알게 될 것입니다. 저는 B씨가 후배에게 그런 따뜻하고 인간적인 선배가 되었으면 좋겠습니다.

 팀장으로 승진한 뒤에 팀원들 눈치 보느라 괴로워요

IT업계의 12년 차 직장인입니다. 작년에 팀장으로 승진을 했는데, 팀원들 성과를 일일이 다 챙겨야 하니까 팀원일 때보다 오히려 더 힘이 듭니다. 사실 지금 저를 가장 힘들게 하는 것은 팀원들과의 관계입니다. 잘 지내던 후배들과 서먹해진 것은 물론 다른 팀원들하고도 거리가 생긴 것 같습니다. 아침에 커피 한잔하면서 이런저런 이야기를 하고 싶은데 어색하게 인사만 하고 자기들끼리 마시러 가곤 합니다. 은근히 저를 따돌리는 것 같기도 하고, 대화를 해도 형식적인 이야기뿐입니다. 이제는 제가 팀원들 눈치를 봐야 할 정도니, 참 답답합니다.

A 인간적인 팀장과 유능한 팀장은 양립할 수 없습니다

철없는 사람들은 '리더' 자리를 마냥 좋아하기도 하지만, 사실 팀장이나 임원 같은 리더의 자리는 불편한 자리입니다. 피라미드와 같은 조직 형태 속에서는 승진을 할수록 고민과 애환을 나눌 수 있는 사람이 현저히 줄어들기 때문입니다.

지금 팀장님의 고민은 다름 아닌 외로움인 것 같습니다. 예전처럼 마음이 통하는 사람들과 진심어린 이야기도 하고 서로의 고민도 나눌 수 있기를 바라고 있는 거죠. 하지만 저는 먼저 묻고 싶습니다. 정말 팀원들이 부하직원이 아니라 한 명의 인간으로 다가올 때 감당할 수 있는지 말입니다.

제가 직장생활을 할 때 친한 선배가 한 명 있었는데, 매우 유능한 덕분에 동기들보다 먼저 팀장이 되었습니다. 선배는 인간적인 팀장이 되겠노라 늘 다짐했고, 그 다짐대로 직원들의 애로사항을 들어주고, 고민을 해결해주려고 노력했습니다.

결과는 어땠을까요? 안타깝게도 우리가 사는 현실은 '동화'가 아니었습니다. 팀 성과는 엉망이었고 팀원들에게 주어진 업무는 마감시간 내에 마무리되는 경우가 거의 없었지요. 급기야 선배는 임원으로부터 '팀장으로서 자질이 없다'는 이야기까지 듣게 되었습니다. 방황하며 혼란스러워했던 그 선배의 모습과 팀장님의 모습이 겹쳐 보입니다.

팀원들과 인간적으로 잘 지내는 팀장이 되는 것은 결코 쉬운 길이 아닙니

다. 지금은 팀원들이 속 깊은 이야기를 꺼내놓지 않는 것을 서운하게 생각하지만, 정말 자신의 깊은 고민을 꺼내놓았을 때 그것을 감당할 수 있을까요?

예를 들어 마감이 얼마 남지 않은 업무를 진행하는 팀원이 지방에 사는 연인과 사이가 안 좋아진 것을 알게 되었다고 해봅시다. 그런데 정말 인간적으로 친했던 그 팀원이 3일간의 휴가를 요청한다면? 아마 허락해주기는 쉽지 않을 겁니다.

팀장이란 자리는 팀 내에서 소(小)사장의 역할을 요구받는 자리입니다. 그래서 직원이 아니라 사장의 시선으로 다른 직원을 바라보아야 합니다. 회사가 크면 클수록 사장이 일일이 팀원들에게 업무를 지시하거나 고과를 평가할 수 없기 때문에 사장은 직원들보다 더 많은 급여와 권한을 주고 팀장을 앉히는 것이지요. 그리고 팀원들은 그런 직장의 생리를 잘 알기에 팀장이 어려울 수밖에 없는 것입니다. 자신의 밥그릇을 쥐고 있는 사장, 그리고 그 사장을 대리하는 팀장은 언제나 어렵고 불편한 존재이니까요.

우리네 직장에서 '인간적인 팀장'과 '유능한 팀장'이 양립할 수 있을까요? 아주 예외적인 직장에서 아주 예외적인 사람들에게만 가능하지 않을까요? 대부분의 직장에서는 '인간적인 팀장'이 되려는 사람은 언제나 우유부단하고 무능한 팀장이란 비난을 감수해야 할 것이고, '유능한 팀장'이 되려는 사람은 피도 눈물도 없는, 출세에 눈이 먼 냉혈한이란 비난을 감수해야 할 것입니다. 서글프기는 하지만 제가 본 수많은 직장은 분명 그런 곳이었습니다.

저는 개인적으로 '유능한 팀장'보다는 '인간적인 팀장'이 많아지기를 희망하는 부류입니다. 팀장 역시 월급을 받는 직원일 뿐 진짜 사장은 아니니까요. 팀장님이 정말 '인간적인 팀장'이 되었으면 좋겠습니다. 다만 그 길을 가기 전에 무엇을 내려놓아야 하는지 먼저 고민해보셨으면 좋겠습니다. 그런 고민 없이 그냥 '인간적인 팀장'이 되려고 하다가 과도하게 좌절하는 팀장을 적지 않게 보았기 때문입니다. 그리고 많은 고민 후에도 여전히 '인간적인 팀장'이 되겠다는 다짐을 하셨으면 좋겠습니다. 그런 인간적인 팀장이 한 명쯤 있다는 것만으로도 우리네 직장은 훨씬 더 인간적인 곳이 될 테니까요.

'인간적인 팀장'의 성공 여부는 사장의 시선이 아닌 직원의 시선을 얼마나 유지할 수 있느냐에 달렸습니다. 오늘 소개팅을 해야 하는 팀원이 있다면, 그에게 다가가 이렇게 말해주는 건 어떨까요? "대충 해! 오늘 소개팅인데 화장 다 번지겠다." 연인과의 다툼으로 힘들어 하는 직원이 있다면, 그에게 다가가 이렇게 말해주는 건 어떨까요? "야! 일이 뭐가 중요하냐? 외근처리 해줄 테니까 여자친구한테 가봐!" 아내가 부산에서 근무하느라 주말 부부로 사는 직원이 있다면 그에게 이렇게 이야기해주는 것은 어떨까요? "김 대리, 금요일에 부산 출장 좀 다녀와."

저는 팀장님이 그런 '인간적인 팀장'이 될 수 있기를 바랍니다. 많은 현실적인 문제에도 불구하고 말입니다. 그런 팀장이 있는 직장은 얼마나 행복할까요? 또 그런 팀장을 가진 직원들은 얼마나 행복할까요? 행복한 밥벌이를 찾아 떠날 수도 있지만 한편으로는 바로 내가 지금의 직장을 행복한 밥벌이로 만들 수도 있다는 사실을 잊지 않았으면 좋겠습니다.

어느 시에서처럼 '한 번도 상처받지 않은 것처럼 다시 누군가를 사랑하듯이' 그렇게 '인간적인 팀장'이 되었으면 좋겠습니다. 어쩌면 상처받을수록 더 부하직원을 믿고, 더 배려해주는 사람만이 유능하면서 동시에 인간적인 팀장이 될 수 있는 것인지도 모르겠습니다. 수많은 팀장이 유능하기만 한, 혹은 인간적이기만 한 팀장이 되는 이유는 몇 번의 상처에 너무 쉽게 주저앉아버렸기 때문은 아닐까요?

Q 폭언과 욕설을 일삼는 상사 때문에 너무 힘들어요

자동차 관련 제조업체에서 일하는 10년 차 직장인 G입니다. 제 고민은 상사의 폭언입니다. 사실 저는 일을 딱 부러지게 잘하는 편도 아니고, 업무적으로 실수도 종종 하는 편입니다. 그런데 제가 업무를 기간 내에 잘 마무리하지 못하거나 실수를 할 때면 직장 상사가 사람들이 있는 곳에서 소리를 지르고 폭언을 하고 때로는 욕설을 퍼붓기도 합니다. 요즘에는 상사 앞에만 가면 미리 주눅이 들고 말까지 더듬을 정도입니다. 평소 일을 할 때도 '직장을 옮겨야 하나?'라는 생각이 들 정도로 긴장이 많이 됩니다. 무슨 방법이 없을까요?

A '양아치'와 '여우'를 대하는 우리의 자세

일단 이것부터 분명히 하지요. 직장을 옮겨서는 안 됩니다. 정도의 차이만 있을 뿐 어딜 가나 그런 양아치 같은 상사가 한둘은 있게 마련입니다. 그만둘 때 그만두더라도, 양아치 같은 상사에 대한 위축감을 극복한 이후에 고민할 문제입니다. 지금 G씨의 진짜 문제는 상사의 폭언이나 욕설이 아니라 '위축감'입니다. 이것은 직장을 그만둔다고 해결되지 않습니다. 어떤 식이든 도망을 치지 말고 그 문제 앞에서 담판을 지어야 합니다. 그렇지 않으면 그 문제는 영원히 G씨를 따라다닐 것입니다.

'지피지기면 백전백승'이라고 했으니, 우선 폭언과 욕설을 일삼는 양아치 같은 상사에 대해 알아야 하겠습니다. 과도한 폭언과 욕설을 일삼는 상사는 크게 두 가지로 분류할 수 있습니다. 첫 번째는 다혈질인 경우입니다. 기질 자체가 단무지(단순-무식-지랄) 같은 상사는 부하직원이 반복된 잘못을 할 경우 과도하게 윽박지르고 폭언을 할 때가 있습니다. 순간의 짜증이나 분노를 참지 못하기 때문입니다. 하지만 이 경우는 크게 문제가 될 것은 없습니다. 다혈질의 상사들은 이내 자신의 행동을 후회하고 화를 낸 상대방에 대해 어느 정도 미안한 감정을 갖기도 하니까요.

두 번째는 부하직원을 길들이기 위해 전략적으로 과도하게 화를 내는 경우입니다. 우리나라의 경우, 대부분의 직장인들을 동기부여하는 것은 '상'이 아니라 '벌'입니다. 평범한 직장인들이 맡은 업무를 악착같이 하는 이유는 연봉을 높이거나 승진을 하기 위해서라기보다는 욕을 먹지 않기 위해서가 대부분입니다. 어쩌면 당연한 것일지도 모릅니다. 맡은 업무를 열심히 한다고 연봉이 높아지거나 승진하는 것은 미지수이지만, 맡은 업무를 열심히 하지 않았을 때 상사로부터 욕을 먹어먹는 것은 확실하니까요.

여우같이 교활한 상사들은 이런 심리를 아주 잘 이용합니다. 업무적 성과가 무난한 수준임에도 불구하고 과도하게 화를 낸다면, 그 이유는 비난과 폭언이라는 '벌'을 이용해서 '부정적인' 동기부여를 하려는 겁니다. 쉽게 말해 어디까지 할 수 있나 간을 보는 것이지요. 이런 상사에게 걸리면 열심히 일을 하고도 늘 욕을 먹지 않을까 노심초사해야 하고, 자발적으로 야근하고 특근을 할 수밖에 없습니다. 알아서 기게 되는 것입니다.

자, 그럼 이런 양아치 같은 상사를 만났을 때는 어떻게 대처해야 할까요?

먼저 '다혈질' 상사는 상대적으로 다루기가 쉽습니다. 말 그대로 '욱'해서 화를 내는 것이기 때문에 미성숙하기는 하지만 나름 인간적입니다. 이런 상사들은 업무상 반복되는 실수를 줄이고, 무난한 업무 성과만 보이면 해결됩니다. G씨가 그 정도의 기본적인 업무처리만 할 수 있다면 다혈질 상사와는 오히려 잘 지낼 수 있을 겁니다. 그전에 상대적으로 많은 실수가 있었고, 업무처리도 미숙했다는 것을 상사가 잘 알고 있을 테니 기본적인 업무처리만으로도 만족할 것입니다. 성과는 언제나 상대적인 것이니까요. 그러면서 상사와의 관계는 호전되고, 업무에 대한 자신감이 높아질 겁니다. 그리고 앞으로 다른 상사를 만나더라도 과도하게 주눅들거나 위축되는 일 역시 현저히 줄어늘게 될 것입니다.

문제는 여우 같은 상사를 만났을 때입니다.

먼저 여우 같은 상사는 '교활한 사람'이라는 사실에 주목해야 합니다. 그들이 습관적으로 폭언과 욕설을 하는 이유는 더 많은 일을 시키고 더 나은 성과를 쥐어짜기 위해서입니다. 그런데 이런 상사들이 미리 전제하는 것이 하나 있습니다. 부하직원은 어떤 경우에도 찍소리도 하지 못할 것이란 믿음입니다. 하지만 아무리 제멋대로인 상사라도 함부로 할 수 없는 부하직원이 한둘은 있게 마련입니다. 그들이 함부로 할 수 없는 부하직원은 어떤 사람일까요? 그것은 부당한 요구나 대우를 받을 때마다 당당하게 따져 묻는 사람들입니다.

제 직장생활을 돌아보아도 그렇습니다. 아무리 양아치 같은 상사라도 자기 할 말을 당당하게 하는 부하직원은 함부로 대하지 못했습니다. 더구나 교활한 사람들은 자신의 안위를 먼저 걱정하기 때문에 쓸데없는 모험을 기피하려는 경향이 있습니다. 교활한 상사는 당당하게 할 말을 하는 직원에게 함부로 폭언과 욕설을 일삼았다가는 자신 역시 불이익을 당할 수 있다는 사실을 잘 알고 있습니다. 반대로 심약해 보이고 주눅들어 있는 사람일수록 더욱 가혹하게 대하기 마련입니다. '약자에게는 강하게, 강자에게는 약하게'가 그들의 모토니까요.

바로 여기에 양아치 같은 상사를 손쉽게 다룰 수 있는 묘수가 숨어 있습니다.

G씨는 상사만 보면 주눅이 들고, 위축감이 들겠지요. 그러니 "주눅들지 말고, 위축되지 마세요!" 하는 것만큼 의미없는 조언도 없을 겁니다. 대신 이런 방법은 어떨까요? 상사 앞에서 한 번쯤은 어깃장을 놓아보는 겁니다. 주눅들지 않은 척, 위축되지 않은 척해보는 것입니다. 예전보다 실수를 줄이고, 업무 성과도 분명 나아졌는데 여전히 상사가 폭언과 욕설을 남발한다면, 분명 두렵고 위축되겠지만 용기를 내어 상사의 눈을 똑바로 쳐다보며 이렇게 말하는 겁니다. "별로 소리 지를 일도 아닌 것 같은데 왜 그러세요? 그리고 왜 욕을 하고 그러세요?"

그렇게 용기를 내어 한두 번만 어깃장을 놓아보세요. 상사는 분명 당황할 것입니다. 그리고 그 당황함은 이내 상사를 고민에 빠뜨릴 겁니다. 약자라고 생각했던 부하직원이 사실은 약자가 아닐지도 모른다는 고민 말입니다. 상사를 그런 고민에 빠뜨리게 할 수만 있다면 단언컨대 폭언, 욕설의 빈도와 정도는 현저히 줄어들 것입니다. G씨가 약자가 아니라 당당하게 자기 이야기를 하는 강자라는 사실을 상사에게 인식시키기만 하면 상사는 약해질 수밖에 없습니다.

순서는 이렇습니다. 업무 성취도가 조금 떨어지거나 실수가 잦다면 일단 평범한 수준까지는 업무적 능력을 만드세요. 일을 많이 하라는 것이 아니라 기본적인 수준 정도면 충분합니다. 그리고 그 이후에도 여전히 상사가 지랄맞게 군다면, 단호하고 당당하게 따져 물으면 됩니다. 여전히 주눅들고 위축되겠지만 우선은 주눅들지 않은 척, 위축되지 않은 척 연기를 하면 됩니다. 그러면 오히려 상사가 은근히 G씨의 눈치를 보게 되는 경험을 하실 수 있을 겁니다. 만약 정말로 직장을 옮기고 싶다 하더라도 상사가 G씨의 눈치를 보게 만든 후에 옮기는 편이 낫습니다.

직장에서도 충분히 주인으로 살 수 있는 것 아닌가요?

작가님은 강연에서 "직장인은 기본적으로 노예다. 직장에서 주인으로 살 수 있는 방법은 없다"고 말씀하셨잖아요? 저는 그 말에 굉장히 거부감이 들었어요. 저는 나름 직장에 만족하고, 제가 원하는 일을 하고 있습니다. 그래서 저는 한 번도 제가 노예라는 생각을 해본 적이 없어요. 스스로 일을 찾아서 하면서, 나름 주인으로 살고 있습니다. 그러니 "직장인은 노예고, 직장에서는 주인으로 살 수 없다"는 작가님의 말씀은 틀린 것 아닌가요? 작가님의 과도한 비약은 많은 직장인들을 무시하는 발언 아닌가요? 꼭 답변을 듣고 싶습니다.

있는 그대로의 모습을 보여주는 거울을 찾으세요

먼저 제 강연에 기분이 나쁘셨다면 죄송하다는 사과의 말씀부터 드려야겠네요. 하지만 직장인들을 비난하고 매도할 의도는 전혀 없었습니다. "저 역시 수많은 직장인들과 같은 지점에서 고민하고 좌절하고 눈물을 흘려 보았기 때문에 누구보다 직장인에게 애정이 있는 사람입니다"라는, 변명 아닌 변명으로 이야기를 시작해볼게요.

예를 들어 뚱뚱한 어떤 사람이 있다고 해봅시다. 그는 백화점에 가는 걸 좋아합니다. 백화점에는 손님들의 모습이 날씬하게 보이도록 해주는 거울이 많기 때문입니다. 물론 더 많은 옷을 팔기 위해서입니다. 하지만 그는 집에서는 거울을 잘 보지 않습니다. 살이 찐 뱃

살과 엉덩이, 허벅지가 너무 적나라하게 드러나기 때문이지요. 만약 그에게 정말 애정이 있는 사람이라면 그에게 백화점 거울을 보여줄까요, 집에 있는 거울을 보여줄까요?

'백화점 거울'을 볼 때면 잠시 기분은 좋겠지요. 하지만 그것은 있는 그대로의 모습이 아닙니다. 그 사실은 본인도 잘 알고 있지만, 문제는 백화점 거울을 본 뒤에 '아직 괜찮네'라고 생각하며 당장 오늘 밤에도 또 야식을 먹게 된다는 것입니다. 반면에 있는 그대로의 모습을 보여주는 거울이라면 어떨까요? 적나라한 자신의 모습을 보며 짜증도 나고 화도 날 것입니다. 하지만 이내 '이래서는 안 돼!'라는 위기의식을 느끼겠지요. 불쾌감이 들긴 하겠지만, 그 불쾌감 덕분에 최소한 오늘 밤만은 야식을 먹지 않게 되겠지요. 자신의 모습을 흉측하게 여기는 사람에게는 거울보다 거부감을 느끼게 만들고 불쾌감을 자아내게 하는 물건도 없지요. 하지만 자신이 보고 싶은 것만을 보면서 즐거움을 느끼는 것보다 있는 그대로의 모습을 보면서 불쾌감에 직면하는 것이 훨씬 더 현명합니다.

이런 답변에도 여전히 의문을 가지고 계실지 모르겠습니다. 제가 강연에서 한 이야기가 정말 직장인의 있는 그대로의 모습이 아니라고 생각할 수도 있을 테니까요. 그래서 "나는 지금 직장에서 충분히 만족하고 행복해! 그게 진짜 내 모습이야"라고 말씀하실 수도 있겠지요. 그럼 이제 "직장인은 노예고, 직장에서 주인으로 살 수 없다"는 것이 정말 직장인의 있는 그대로의 삶의 진실을 비춘 이야기인지 아닌지만 말씀드리면 될 것 같네요.

먼저 질문을 주신 분의 이야기를 해보겠습니다. "저는 나름 직장에서 만족하고 있고, 제가 원하는 일을 하고 있어요"라고 말하셨지요. 또 "저는 직장에서 나름 주인으로 살고 있어요"라는 말씀도 하셨지요. 여기서 핵심은 '나름'에 있습니다. 노예와 주인의 구분은 원칙적으로 이렇습니다. 노예는 다른 사람이 시키는 일을 하는 사람이고, 주인은 스스로 하고 싶은 일을 하는 사람입니다. 그러니 질문하신 분은 직장에서 자신이 원하는 일을 하고 있기 때문에 노예가 아니라 주인이라는 말씀이시죠?

그런데 곰곰이 한번 생각해봅시다. 지금 직장에서 하는 일이 정말 본인이 좋아하는 일인가요? 더 노골적으로 물어볼까요? 월급을 주지 않아도 지금 직장의 일을 하시겠어요? 선뜻 답하기 어려우실 겁니다. 우리가 직장에 들어간 이유는 좋아하는 일을 하기 위해서가 아니라 그나마 할 만한 혹은 조금 편한 일을 하면서 돈을 벌 수 있기 때문이었으니까요.

직장에서 나름 주인으로 살고 있다고 말씀하셨지요? 좋습니다. 백 번 양보해서 직장에서 좋아하는 일을 하고 있다고 가정해보지요. 그렇다면 그 사람을 주인이라 할 수 있을까요? 그 또한 아닙니다. 왜냐하면 그 일 역시 사장이 다른 일을 하라고 명령하는 순간 그만할 수밖에 없으니까요. 직장에서 주인으로 일하는 것은 구조적으로 불가능합니다. 출근하는 것도, 퇴근하는 것도, 출장 가는 것도 모조리 상사나 사장의 허가를 받아야 합니다. 그게 직장이고, 직장인은 근본적으로 남의 일을 해주는 사람입니다. 그러니 직장인이 누리는 자유로움이나 주인이라는 느낌은 사실 허영에 가깝습니다. 주인은 아니지만 주인으로 살고 싶어서 현재의 모습을 날조하는 허영.

그뿐인가요? 직장에서는 일하고 싶지 않을 때도 사장이나 상사가 시키면 언제든 일을 해야 합니다. 심지어 '일할 자유'도 없습니다. 아무리 일을 더 하고 싶어도 사장이 '수고했네. 이제 그만 나오게'라는 말 한마디면 모든 것을 중단해야 합니다. 그러니 직장에서 좋아하는 일을 한다는 것, 혹은 직장에서 주인으로 산다는 것이 얼마나 허구적인 것인가요? 엄밀히 말하면 돈이 되는 일 중에서 싫어하지 않는 일을 할 수 있을 뿐이고, 그것도 사장이 용납하는 범주 안에서 할 수 있을 뿐이지요.

질문 주신 분 역시 기본적으로 그런 찜찜함이 있기 때문에 '나름'이란 단어를 계속 사용할 수밖에 없는 겁니다. 지금 직장인이 노예가 아니라 주인이라는 착각을 하고 사는 이유는 우리가 '출퇴근' 노예이기 때문입니다. 옛날의 노예는 발목에 족쇄를 채워 '여기에 있어!'라는 식으로 자유를 억압했다면 지금의 노예는 조금 세련되어졌습니다. 적어도 족쇄는 없으니까요. 그 대신 우리는 사파리에 갇혀 있는 셈입니다. 예전의 노예보다 자유로워지고 주인이 된 것처럼 느껴지지만 근본적으로 누군가에게 억압당하고 구속당하는 구조는 완전히 같습니다.

저는 이런 직장인의 삶의 진실을 보여드리고 싶었습니다. 물론 압니다. 이 사실을 안다고 해도 우리가 느끼는 감정은 암담함, 답답함일 뿐이라는 것을. 지금 당장 직장을 그만둘 뾰족한 대안도 없죠. 하지만 거부감이 들고 불쾌하더라도 이런 삶의 진실에 직면해야 합니다. 있는 그대로의 자신의 모습을 알아야만 진지하게 삶의 변화를 모색하게 되기 때문입니다.

제 주변에 '담배랑 술을 끊어야 해!' '운동해야 하는데…'라며 늘 건강 걱정을 입에 달고 사는 사람이 있습니다. 하지만 그는 걱정만 할 뿐 술, 담배를 달고 살았고, 하는 운동이라곤 숨쉬기 운동이 전부였습니다. 그런 그가 하루아침에 술, 담배는 물론 식습관까지 모조리 다 바꾸었습니다. 운동도 시작했습니다. 어떻게 그럴 수 있었을까요? 정기 검진에서 간암 초기 진단을 받았기 때문입니다. 만약 그가 '나는 건강할 거야' 하면서 보고 싶은 모습만을 보면서 살았다면 어찌 되었을까요? 자신의 삶을 건강하게 되돌릴 마지막 기회마저 놓치고 때늦게 후회하지 않았을까요?

저는 지금 수많은 직장인들을 보며 이와 같은 노파심을 느낍니다. 당장 직장생활 이외에 마땅한 대안이 없기 때문에 자신에게 엄존하는 불행을 '나름' 행복이라고 믿고 살아가고 있는 것은 아닌지 말입니다. 그렇게 자신이 보고 싶은 모습만을 보느라 자신의 삶을 행복하고 건강하게 바꿀 수 있는 마지막 기회마저 놓치게 되는 것은 아닐까 걱정이 됩니다. 너무 때늦게 '사실 이건 내가 진정으로 살고 싶은 삶이 아니었는데'라고 후회하는 삶만은 살지 않기를 바랍니다.

저는 종종 "사람을 불편하게 만든다. 듣고 싶지 않은 이야기를 한다"는 비난을 듣곤 합니다. 정직하게 말하자면, 그런 이야기를 들을 때마다 속이 상하고 서운하기도 합니다. 하지만 그렇더라도 저는 직장인들이 감추고 싶어 하는 삶의 진실을 들추어 보여주는 역할을 계속할 것입니다. 듣기 좋은 소리, 근거 없는 희망만 전하는 자기계발식 이야기가 아니라 그것이 정말 직장인들에게 필요한 것임을 잘 알고 있기 때문입니다.

언젠가 제 책에서 이야기했던 것처럼 저는 '불행전도사'가 아닙니다. 존재하지도 않는 불행을 날조하고 증폭해서 누군가를 불행에 빠뜨리려는 것이 아니라 오히려 암을 진단해주는 의사처럼, 몸매를 적나라하게 보여주는 정직한 거울처럼, 조금 불편하고 아프더라도 있는 그대로의 모습을 보여줌으로써 조금이라도 더 행복한 삶을 살아낼 수 있게 도와드리고 싶습니다. 저는 여러분의 행복을 도와줄 수 있는 그런 촉매제 역할을 하고 싶습니다. 그러니 질문하신 분도 저라는 촉매제를 잘 이용해서 있는 그대로의 정직한 모습에 직면할 수 있었으면 좋겠습니다. 다른 누군가를 위해서가 아니라 바로 본인 자신을 위해서 말입니다.

8년 차 직장인 S입니다. 직원들에 대한 팀장의 지나친 관심이 고민이에요. 얼마 전 직원들끼리 회식을 하고 있는데 팀장한테 전화가 왔습니다. 전화를 받지 않았더니 그날 밤 전 팀원들에게 문자를 돌려서 아침 7시 30분 회의에 참석하라는 것이 아닙니까. 그러고는 "회사 사정도 안 좋은데 무슨 회식? 그렇게들 눈치가 없어!" 하면서 화를 내더니 아침 일찍 출근하고 저녁 늦게 퇴근하라는 말도 안 되는 지시까지 내리는 것이었습니다. 사소한 일에도 지나친 관심을 보이고, 원하는 대로 되지 않으면 직위를 이용해 보복까지 합니다.

A 팀장의 '애정결핍' 문제를 먼저 해결해주세요

1. 뭘 어찌할지 이야기하기 전에 팀장의 상태를 진단하는 것이 순서일 것 같네요. 일단 팀장의 상태는 딱 네 글자면 충분히 설명될 것 같아요. 애.정.결.핍. 지금 팀장의 멘탈리티는 초등학교 남자아이와 거의 비슷합니다. 초등학교 남자아이는 좋아하는 여자아이 옆에서 괜히 어슬렁거리다가 그 아이가 자신에게 관심을 보여주지 않으면 머리를 잡아당기거나 고무줄을 끊고 도망가곤 하지요. 지금 팀장의 멘탈리티는 딱 그 상태인 겁니다.

저는 사실 팀장을 비난하거나 폄하하기보다는 오히려 편을 들어주고 싶습니다. 그가 너무 안쓰러워 보여서 S씨에게 팀장의 변명을 대

신 해주고 싶은 심정입니다.

사랑을 받아야 할 유년 시기에 충분한 사랑을 받지 못한 사람은 삶 곳곳에서 애정결핍 증세를 보이기 마련입니다. 애정결핍의 진짜 문제는 애정이 결핍된 상태 그 자체가 아니라 사랑을 충분히 받아본 경험이 없어서 자신의 사랑을 어찌 표현해야 할지 모른다는 것입니다. 그래서 충분한 사랑을 받지 못한 아이의 애정표현은 왜곡되거나 폭력적으로 뒤틀어지기도 합니다. 제 유년 시절을 돌아보아도 그렇습니다. 어린 시절 부모에게 충분한 사랑을 받은 남자아이는 좋아하는 여자아이를 괴롭히지 않습니다. 자신의 부모가 자신을 사랑해주었던 방법, 예컨대 작은 선물을 사준다든지, 편지를 써준다든지 하는 방법으로 사랑을 표현하곤 했습니다. 사랑을 받아본 아이만이 누군가를 제대로 사랑할 수 있는 법이지요.

이제 왜 제가 팀장이 안쓰럽다고 생각하는지 아시겠지요? 팀장은 사랑을 받아야 할 사람에게 충분한 사랑을 받고 있지 못한 겁니다. 십중팔구 가정에 문제가 있을 거예요. 가정에서 충분히 사랑받는 사람이 직장 동료나 부하직원들에게 집착할 이유는 전혀 없으니까요.

저를 더욱 안타깝게 하는 것은 팀장이 이제 관심 있는 누군가에게 어떻게 다가가야 하는지조차 잊은 것처럼 보인다는 사실입니다.

2. 팀장의 상태에 대해서는 충분히 이야기가 된 것 같지만, 그래도 여전히 문제가 남지요. 애정결핍 남자아이는 S씨를 괴롭힐 수 없지만 팀장이라는 애정결핍 남자는 S씨의 삶을 불편하게 만들 수 있으니까요.

이제 구체적으로 문제를 해결할 방법을 논의해봅시다. 우선 원론적인 해결책은 팀장의 애정결핍을 해소시켜주는 것입니다. 팀장이 '타인'과 사랑을 주고받을 수만 있다면 더 이상 직원들에게 집착하는 일은 없을 테니까요. 그럼 어떻게 하면 팀장의 애정결핍을 해소할 수 있느냐로 논의가 좁혀집니다.

첫 번째는 팀장의 아내에게 전화를 해서 이야기를 하는 겁니다. 팀장에게 관심을 좀 가져달라고. 지금 기준으로 보면 팀장이 사랑을 주고받을 수 있는 확실한 대상은 가족들입니다. 따라서 가족들과의 관계가 복원된다면 더 이상 부하직원들을 괴롭히는 일은 없을 겁니다.

하지만 문제는 여전히 남습니다. 직장생활을 오래 한 사람의 가장 큰 병폐는 바쁜 직장생활 탓에 아내와 아이들과 정서적으로 이미 너무 멀어져 버렸다는 겁니다. '사랑'은 숲에 난 길과 같아서 관심을 가지고 자주 지나다니지 않으면 이내 없어져 버리거든요. 대체로 정신없는 직장생활 10년이면 그 숲길은 형체도 알아볼 수 없을 정도 사라져 버리곤 하지요. 더 서글픈 것은 그 숲길이 사라져 버린 뒤에 남편이 다가서려 할 때는 아내와 아이들이 종종 거부감을 갖게 되곤 한다는 사실입니다.

따라서 팀장이 가족들과의 관계를 복원해서 애정결핍을 탈출하는 방법은 쉽지 않을 겁니다. 그렇다면 두 번째 방법이 있습니다. 팀장에게 애인을 소개시켜주는 겁니다. 원래 있었지만 잃어버렸던 숲길을 찾는 것보다는 새로운 '타자'를 만나 새 숲길을 만드는 편이 더 현명한 방법일지도 모릅니다. 여기서 저는 '타자'라는 단어를 썼습니다. 그것은 사랑을 주고받는 대상이 꼭 '인'(人)일 필요가 없다는 의미입니다. 사람이 아니더라도 충분히 사랑을 주고받을 수 있는 대상이 있을 수 있습니다.
자신은 가족보다 돌을 더 사랑한다고 말한 임원이 있었습니다. 그는 수석을 모으는 일을 정말 좋아했고, 그 수석을 진심으로 사랑했습니다. 그뿐인가요? 산에 미칠 정도로 산을 정말 사랑하는 사람도 있습니다. 산에 올라갈 때, 또 그 산 정상에 섰을 때 알 수 없는 충만감, 희열을 느낀다는 사람은 산과 깊은 사랑에 빠진 것입니다. 이렇게 팀장이 새로운 사랑에 빠질 수 있는 애인 아니 타자를 소개시켜줄 수 있다면 S씨의 문제는 해결될 겁니다.

팀장을 너무 미워하지 마세요. 그는 어쩌면 우리 사회가 낳은 애정결핍증 환자일지도 모릅니다. 돈을 벌기 위해 항상 바쁘게 살아야 한다는 사회적 강요 속에서 사랑하는 법도, 사랑받는 법도 잊어버린 서글픈 우리네 아버지의 또 다른 모습이지 않을까요? 하루에 조금씩이라도 팀장을 직장 상사가 아니라 사랑받고 싶어 하는, 하지만 그것을 제대로 표현하지 못하는 안타까운 40대 후반 중년의 남자로 봐주는 것은 어떨까요? 부모에게 충분한 사랑을 받지 못해 뒤틀어진 애정표현을 하는 남자아이를 바라볼 때 느끼는 그 안쓰러움으로 말입니다.

Q 잘해주었던 후배한테 배신감을 느꼈어요

신입 때부터 인간적인 선배가 되겠다고 다짐해왔던 터라 새로 들어온 팀 후배를 정말 인간적으로 잘 대해줬습니다. 심지어 사생활까지 이야기를 나누었습니다. 그러던 어느 날 후배 표정이 너무 어두워서 무슨 일인지 물었습니다. 남자친구와 통화를 하면서 다투던 모습을 얼핏 보아서 남자친구 때문이냐고 물었지요. 그런데 후배가 갑자기 "그냥 좀 내버려두세요!" 하며 자리를 박차고 나가는 거예요. 얼마나 놀라고 당황스러웠는지 모릅니다. 그러고는 화가 나더군요. 제가 무슨 잘못을 한 건가요? 앞으로 그 후배를 어찌 대해야 할까요?

A '정치적 관계'와 '인간적 관계'를 혼동하지 마세요

'직장'이라는 공간에 대한 오해 때문에 발생한 일인 것 같습니다. 자본주의 사회에는 크게 두 가지 인간관계가 있어요. 하나는 돈을 벌기 위해 맺어야 하는 '정치적 관계', 그리고 서로의 존재만으로도 만족감을 느끼는 '인간적 관계'가 있지요.

두 종류의 관계는 대부분 복잡하게 뒤엉켜서 구분할 수 없는 경우가 많습니다. 직장 동료에게 '인간적 관계'를 느끼기도 하고, 가족에게서 '정치적 관계'를 느끼기도 하죠. 하지만 직장에서는 이 두 가지 관계를 정확히 파악할 수 있어야 합니다. 관계를 혼동할 경우 많은 문제가 발생할 수밖에 없기 때문입니다.

많은 사람들이 직장에서 '인간적 관계'가 가능하다고 생각합니다. 사실 지금처럼 직장에 있는 시간이 압도적으로 많은 상황에서는 직장에서 '인간적 관계'를 갈구할 수밖에 없습니다. 이해득실만 따지는 메마른 '정치적 관계'로 점철된 삶은 견딜 수 없을 테니까요.

고민을 주신 분의 문제는 이러한 '정치적 관계'와 '인간적 관계'를 혼동해서 발생한 겁니다. 조금 야박하게 이야기하자면, 너무 많이 나가신 거예요. '정치적 관계'로 후배를 대하는 비인간적인 선배가 되지 않으리라 다짐하면서 '인간적 관계'를 맺고 싶으셨겠지만, 후배는 '인간적 관계'를 맺기 위해 직장에 온 게 아니거든요. 그런데 갑자기 선배가 "나 어제 남자친구와 헤어졌어" "우리 부모는 내가 어렸을 때 이혼했어"라는 내밀한 이야기를 한다면 후배의 심정은 어떨까요? 아마 부담스러울 겁니다.

이제 고민 주신 분은 어찌해야 할까요? 저는 우선 본인이 지금 너무 외로운 상태는 아닌지 점검해보셨으면 좋겠어요. 직장에서 '인간적인 관계'를 갈구하는 사람은 대부분 외로운 사람입니다. 반면에 직장 밖에서 '인간적 관계'를 잘 유지하는 사람들은 직장에서의 '정치적 관계' 역시 잘 유지합니다. 당연한 일이지요. 존재하는 것만으로도 행복감을 주는 사람을 퇴근 후에 만날 수 있는 사람은 직장의 '정치적 관계'를 충분히 견딜 수 있습니다. 사실 직장에는 '인간적 관계'가 존재하지 않습니다. 친구를 만나러, 애인을 만들러, 가족을 만들려고 입사한 사람이 있을까요? 그러니 직장에 '정치적 관계'만 존재하는 것은 비인간적인 것도, 불합리한 것도 아닙니다. 직장에서 '인간적 관계'를 맺으려 애쓰지 마세요. 본인은 그런 관계를 맺고 싶어

해도 상대는 전혀 그런 마음이 없을 테니까요. 결국 또 본인만 상처를 받게 될 겁니다.

직장 밖에서 '인간적인 관계'를 복원하세요. 아무것도 바라지 않고, 아무런 이해도 따지지 않는 그런 '인간적 관계' 말입니다. 남자친구가 없다면 남자친구를 사귀고, 관계가 안 좋다면 그 관계를 복원하세요. 직장 후배 대신 그저 함께 있는 것만으로 좋은 친구를 많이 만나세요. 그럼 직장에서 '인간적 관계'를 갈구하는 행동도 하지 않게 될 것입니다. 이것이 근본적인 해결책입니다. 직장에서 '인간적 관계'를 찾는 것은 사막에서 오아시스를 찾아 헤매는 것과 다르지 않습니다.

이제 '이미 틀어진 후배와의 관계는 어찌해야 하나?'라는 질문에 답을 해야 할 것 같습니다. 제 경험상 한 번 균열이 간 '정치적 관계'는 쉬이 회복되지 않습니다. 회복된다고 해도 앙금이 남지요. 그래서 저는 아무것도 하지 않는 방법을 추천합니다. 관계를 회복하기 위해 다가서려고 하면 후배는 다시 거부감이 들 것이고, 서운함이나 배신감 때문에 멀어지려고 하면 관계는 지금보다 더욱 악화될 것입니다.

때로는, 특히 인간관계에서는 가만히 있는 것이 최선일 때가 있습니다. 그렇게 서로의 자리에서 그 상태를 유지하는 것이 역설적으로 관계를 회복시켜주기도 하지요. 모든 인간관계의 최선의 덕목은 결국 자연스러움이니까요. 조금 불편하더라도 지금 후배와의 상태를 잠시만 견뎌보세요. 언젠가는 후배도 결국 진심을 알아줄 겁니다.

 직장 사람들과 수준이 안 맞아요

서른세 살의 늦깎이 '신입사원' C입니다. 제가 근무하는 곳은 충북에 있는 작은 제조업체인데, 대학원을 다니느라 입사가 늦었습니다. 원래 가고 싶은 대기업이 있었지만 몇 차례 낙방을 하고 교수님의 추천으로 지금의 직장에 입사했습니다. 그런데 우리 회사 동료들은 학력이 고졸인 분들이 많아서 그런지 비전도 없고 의욕도 없어 보입니다. 솔직히 '대학원까지 나와서 이런 사람들과 함께 일을 해야 하나?'라는 생각이 들곤 합니다. 나이가 많아서 다시 대기업에 지원을 하기도 어렵고, 그렇다고 지금 직장을 계속 다닐 생각을 하니 암담하기만 합니다.

 편견을 버리고 동료들의 삶 속으로 들어가세요

1. 일단은 대기업에 지원하세요. 경제적으로 여유가 있다면 직장을 그만두어도 좋고, 돈을 벌어야 하는 상황이라면 직장을 다니면서 대기업에 지원해보는 것도 좋습니다. 이렇게 단정적으로 말하는 이유는 지금 C씨가 대기업에 대한 꿈을 포기하면 영원히 후회하며 살게 될 것 같아서입니다. 더 나이가 들어서 '아, 그때 조금 더 해봤어야 하는데'라는 후회를 하지 않을 정도로 일단 시도는 해봐야 합니다. 운이 좋아서 합격하면 소원 성취하는 것이고, 대기업에 가지 못하더라도 적어도 최선을 다하지 않았다는 후회는 하지 않고 살 수 있을 테니까요.

이제 조금 현실적인 이야기를 더 해보지요. 문제는 나이입니다. 지금 대기업은 나이 많은 신입을 뽑지 않는 추세입니다. 냉정하게 말해서 서른세 살이라는 나이는 대기업에 입사하기에 그리 좋은 조건은 아닐 겁니다. 그러니 일단 대기업에 지원을 하되, 기간을 정하세요. '앞으로 1년 혹은 이 년은 대기업 입사에 사활을 건다!'라는 식으로요. 그 기간 동안 후회가 남지 않을 정도로 빡세게 준비를 해보고, 안 되면 깔끔하게 포기하세요.

그러면 이제 플랜 B를 생각해봅시다.

개인적으로는 지금 직장을 다니면서 행복한 밥벌이를 준비하고 만들어가는 걸 추천합니다. 지금이야 오직 대기업만 눈에 보이시겠지만 사실 대기업에 다니는 사람의 꿈은 그곳을 그만두고 자신이 원하는 일을 하며 밥벌이를 하는 것입니다. 말하자면 중소기업이든 대기업이든 월급쟁이들의 궁극

적인 꿈은 행복한 밥벌이인 셈이지요.

어차피 뭘 하든 돈은 필요합니다. 그러니 지금 직장을 부업처럼 다닌다는 마인드로 행복한 밥벌이를 준비하면 됩니다. 그 행복한 밥벌이가 창업이 될 수도 있고, 장사가 될 수도 있고, 전혀 새로운 직업일 수도 있습니다. 불가능해 보이겠지만, 신입사원이니까 대략 3~5년 정도 지금 직장을 다니면서 차분히 준비하다 보면 자신이 진정으로 원하는 일을 하면서 충분히 밥벌이를 할 수 있는 길이 보일 겁니다. 실제로 그런 케이스도 많고요.

2. 그런데 마음에 걸리는 것이 하나 있습니다. 그것은 지금 직장 동료들에 대한 얄팍한 우월감입니다. 학력이 낮다고 해서, 지식수준이 낮다고 해서, 더 부유한 미래를 기대하지 않는다고 해서 동료들이 C씨보다 열등한 것은 아닙니다. 사람과 사람이 만나는 데 수준이란 것이 어디 있나요? 만약 지금 동료들을 보며 수준 차이를 느낀다면 그것은 C씨가 대기업에 가지 못한 것에 대한 약간의 자괴감 탓일 겁니다. '내가 여기 있을 사람이 아닌데' 하는 자괴감의 반작용이 얄팍한 우월감의 정체라는 이야기입니다.

이런 식의 우월감은 필연적으로 '직장을 다니면서 행복한 밥벌이를 준비한다'라는 플랜 B를 완성시키지 못하게 만들 겁니다.

어떤 일이건 밥벌이는 만만치가 않습니다. 특히 행복한 밥벌이는 더욱 만만치 않습니다. 그러니 준비가 필요하고, 그 준비를 위해 지금의 직장에서 3~5년을 버텨야 한다는 것입니다. 그런데 C씨가 동료들과 수준 차이가 난다고 느낀다면 동료들 역시 C씨의 느낌을 고스란히 느끼게 될 겁니다. '잘난 척하네' '대학원 나왔다고 우리랑 다르다 이거야?'라는 불쾌한 느낌 말입니다. 만약 그렇다면 지금의 직장에서 3~5년을 버티기 쉽지 않을 겁니다. 그러면 행복한 밥벌이마저 위협받게 됩니다.

사람마다 지적인 차이, 비전의 차이, 학력의 차이는 엄연히 존재합니다. 그것을 부정할 수는 없지요. 그리고 아마도 C씨가 그 모든 면에서 지금의 동료들보다 나은 것도 사실일 겁니다. 하지만 그것은 어디까지나 '다름'의 영역이지 위계적인 '상하관계'의 영역이 아닙니다. 오히려 C씨가 정말 지금의 동료들보다 더 나은 존재라고 생각하신다면 그들의 삶 속으로 들어가 그들과 함께 호흡할 수 있어야 합니다. 진짜 '더 나은' 사람은 '낮은' 사람을 무시하거나 폄하하지 않고 오히려 그들의 삶 속으로 들어가려고 합니다. 반면 자괴감이나 피해의식으로 가득 찬 어쭙잖은 헛똑똑이들만 옆에 있는 사람의 수준을 비난하고 비하하게 마련입니다.

C씨의 동료들은 누구에게도 비난받거나 폄하당할 사람들이 아닙니다. 그들 역시 C씨만큼 자신의 자리에서 열심히 살고 있는 사람들입니다. 자신의 삶을 사랑하고, 더 나은 미래를 꿈꾸기 위해 지금의 동료의 삶을 부정해서는 안 됩니다. 오히려 정말 성장하고 싶다면 어떤 편견 없이 동료들의 삶 속으로 들어가세요. 나와 다른 사람들의 삶을 경험해보는 것만큼 자신을 성장시킬 수 있는 것도 없으니까요.

진정 행복한 밥벌이는 남보다 더 잘사는 것이 아니라 함께 잘사는 것입니다. 저는 C씨가 동료들과 함께 일하면서 그런 행복한 밥벌이를 조금씩 만들어가는 삶을 살 수 있기를 바랍니다.

Q 상사와 부하직원 사이에서 어찌해야 할지 모르겠어요

직장생활 9년 차 L입니다. 얼마 전 과장으로 승진을 했는데, 그것 때문에 고민이 많네요. 팀장은 저 혼자 하기 버거운 업무를 던져주고는 후배들하고 알아서 만들라고 합니다. 팀장이 아닌 제게는 후배들한테 일을 시킬 권한도 없는데, 괜히 업무를 지시했다가 과장이 되면서 사람 변했다는 이야기를 듣게 되는 것은 아닌지 걱정이 됩니다. 월요일마다 상사는 업무를 채근하는데 후배들에게는 업무 지시를 하지 못해서 혼자 야근을 한 지 한 달이 넘었습니다. 팀장과 부하직원 사이에서 어찌해야 할지 모르겠습니다.

A 먼저 '자기 자신에게 좋은 사람'이 되세요

1. 대부분의 직장인은 상사가 업무를 지시하면 후배들을 배려하기보다는 그냥 "이거 내가 시킨 거 아냐. 팀장이 시킨 거니까 알아서 해"라고 말하기 일쑤죠. 그런 점에서 후배에 대한 배려 때문에 혼자서 끙끙대는 L씨는 분명 좋은 사람입니다. 하지만 다른 사람에게 좋은 사람이 곧 행복한 사람은 아닙니다. 오히려 다른 사람에게 좋은 사람은 불행한 사람이 되는 경우가 더 흔합니다. 딱 L씨처럼 말입니다.

팀장에게는 좋은 부하직원이 되려고 말 한마디 못한 채 지시를 받고, 부하직원들에게는 좋은 선배가 되기 위해 한 달 동안이나 혼자 끙끙대며 야근을 하고 있는 L씨는 타인에게 좋은 사람이 되기 위해 정작 자신에게 나쁜 사람이 되고 있는 겁니다. 사실 다른 사람을 배려한다기보다는 눈치를 보고 있다는 느낌을 지울 수가 없습니다.

삶을 건강하고 행복하게 살려면 원칙이 하나 있습니다. 그것은 타인에게 좋은 사람이 되기 전에 반드시 자신에게 좋은 사람이 되어야 한다는 것이지요.

L씨의 고민 해결은 먼저 자신에게 좋은 사람이 되는 것부터 시작해야 합니다. 다른 사람의 시선에 매여 자신의 삶을 제대로 살아내지 못하는 것만큼 어리석은 일도 없습니다. 자신의 감정과 욕망에 정직할 필요가 있습니다. 상사에게 불이익을 받을까 봐 눈치 보지 말고 당당하게 사신의 이야기를 해야 합니다. 그리고 후배들의 뒷담화가 두려워 꼭 필요한 업무 지시까지 주저해서는 안 됩니다. 시킬 일은 그냥 시키면 됩니다.

그렇다고 오해는 마세요. 항상 자기 것만 챙기는 이기적인 인간이 되라는 말은 아니니까요. 다만 지금 L씨가 느끼는 답답하고 억울한 감정을 있는 그대로 표현할 수는 있어야 된다는 것입니다. 역설적이지만 오히려 그렇게 자신의 감정과 욕망을 다른 사람 눈치를 보지 않고 당당하게 이야기할 수 있는 사람만이 이기적이지 않고 배려심 넘치는 사람이 될 수 있습니다.

2. '자신의 감정과 욕망에 정직함으로써 먼저 자신에게 좋은 사람이 되어야 한다'는 대전제를 가지고 이제 구체적인 고민 해결의 단계로 들어가 봅시다. 팀장과 부하직원 사이에서 끼여서 압박당하고 있다면, 이 문제는 아래로부터가 아니라 위로부터 풀어야 합니다. 근본적인 잘못은 팀장에게 있기 때문입니다. 따라서 이 부분을 점검하고 바로 잡아야 합니다.

팀장은 이제 막 과장이 된 L씨에게 왜 뭉텅이 업무를 주고 부하직원들의 업무 분장을 하게 하는 걸까요? 먼저 지금 직장을 한 번 살펴보세요. 오늘날 대부분의 직장은 팀제(制)를 표방하고 있습니다. 그리고 팀제에서는 대리나 과장, 차장이라는 직급이 큰 의미가 없습니다. 팀장이 있고 팀원이 있을 뿐이고, 팀원들은 직급과 관계없이 모두 동등한 동료일 뿐입니다. 실제로 대부분의 외국계 기업에서는 그렇게 팀제를 운영하고 있습니다.

그렇다면 팀장의 역할은 무엇일까요? 당연히 팀장은 팀의 역할을 명확히 하고 팀원들이 업무를 잘할 수 있도록 환경을 만들고 지원해야 할 것입니다. 거기에는 당연히 팀원들의 역량과 경험을 고려해서 업무를 적절하게 분장하는 역할까지 포함되어 있습니다. 말하자면 업무분장은 명백히 팀장의 고유 업무입니다. 그러니까 지금 팀장은 L씨가 과장이 되었다는 이유로 자신의 업무를 떠넘기고 있는 셈이지요.

팀원은 과장이든 대리든 관계없이 모두 실무자입니다. 구체적인 업무에 정신없는 실무자가 어떻게 팀원들의 역량과 경험을 합리적으로 고려하여 업무 분장을 할 수 있을까요?

팀장은 지금 L씨에게 부당한 업무를 요구하고 있는 겁니다. 팀장이 게을러서일 수도 있고, 아니면 직장에서의 업무 분장은 언제나 불편한 것이니 그걸 직접 맡고 싶지 않아서일 수도 있겠지요. 이유야 어쨌건 분명한 것은 L씨가 과도한 업무를 떠맡게 되었다는 겁니다. 지금 L씨가 후배들에게 업무 지시를 하지 못하는 이유도 업무 분장이 본인의 역할이 아니라는 사실을 본인도 그리고 후배들도 암묵적으로 알고 있기 때문일 겁니다.

이것은 명백하게 팀장의 직무 유기로 인해서 발생한 문제입니다. 그러니 팀장에게 먼저 이야기해야 합니다. "저는 실무자인데 제가 어떻게 후배들 업무 분장을 할 수 있습니까? 그건 팀장님 역할인 것 같습니다." 성향에 따라 조금 완곡하고 부드럽게 이야기할 수는 있겠지만, 분명하게 지금의 불합리한 상황에 대해 팀장에게 말해야 합니다.

만약 팀장에게 그 이야기를 할 수 없다면, 팀장은 점점 더 많은 뭉텅이 업무를 L씨에게 던지듯이 시켜놓고 "알아서 애들이랑 같이 마무리해"라고 말할 겁니다.

이제 L씨는 둘 중 하나를 선택해야 합니다. 혼자서 그 많은 업무를 하느라 지금처럼 계속 야근을 하거나 아니면 권한도 없는 과장 나부랭이가 팀장인 체하며 후배들에게 강압적으로 업무 지시를 하는 나쁜 선배가 되거나. 물론 그 어느 쪽도 좋지 못한 선택입니다.

이런 상황에 빠지지 않기 위해서는 사전에 팀장이 부당한 업무 지시를 할 때부터 막아야 합니다. 팀장에게 좋은 사람이 되려고 하기 전에 먼저 자신에게 좋은 사람이 되어야 합니다. 만약 과장이 되어서 새롭게 해야 할 역할이 있다면 그것은 팀장의 요구를 무조건 받아주는 것이 아니라 후배들의 고충을 잘 다듬어 그것을 팀장에게 전달하는 것 아닐까요?

그런 방식으로 팀장과 부하직원들 사이에서 힘들어 하는 문제를 풀어갔으면 좋겠습니다.

 직장 상사의 성추행, 어디까지 참아야 할까요?

직장생활 2년째인 여자 직장인인데, 담당 임원의 성희롱 때문에 회사에 가고 싶지가 않아요. 담당 임원과 면담을 하는데 "넌 대기만성형이야" 그러는 거예요. 그러고는 "'대기만성형'이 무슨 뜻인지 알아? 그건 '대기만 하면 성감대'라는 뜻이야"라는 거예요. 순간 너무 당황해서 아무 말도 못하고 나왔습니다. 그 뒤로도 슬쩍 어깨동무를 하기도 하고, 장난을 친다며 제 옆구리를 만지기도 합니다. 그럴 때마다 수치심과 불쾌감이 느껴집니다. 이런 행동이 성추행이나 성희롱에 해당되는 것인가요? 만약 그렇다면 어디까지 견뎌야 하는 건지 잘 모르겠어요.

 '미친개한테는 몽둥이가 약이다'를 잊지 마세요

고민부터 바로 잡고 가야 할 것 같네요. 임원의 의도와 관계없이 본인이 수치심이나 불쾌감을 느꼈다면 그건 명백히 성추행이나 성희롱이 맞습니다. 그러니 어디까지 참고 견뎌야 하느냐는 식의 문제가 아니라 당장 바로 잡아야 할 문제입니다. 구체적으로 이야기를 한번 해보지요.

기본적으로 '미친개한테는 몽둥이가 약이다'라는 철칙 하에 이 문제에 접근해야 합니다. 미루어 짐작컨대 이 임원은 상습적으로 자신의 권력을 이용해 은근슬쩍 성추행, 성희롱을 즐기는 사람 같습니다. 그러다 문제가 생길 것 같으면 "딸같이 생각해서 그런 거야"

라는 식으로 빠져나가겠죠. 그럼 이런 미친개한테는 어떻게 몽둥이찜질을 해야 할까요?

이것저것 가릴 것 없이 그냥 두들겨 패버려도 되지만 성희롱, 성추행을 당한 공간이 직장이라는 점, 그리고 직원과 담당 임원이라는 관계적 특수성을 고려해야 할 것 같습니다. 회사는 대체로 부하직원보다는 상사의 편을 들어주는 공간이고, 임원은 직원보다 더 많은 힘을 가지고 있는 존재이기 때문입니다. 따라서 괜히 어설프게 패면 미친개한테 거꾸로 물리게 됩니다.

자, 우선 몇 가지 방법을 소개해드리겠습니다. 우선 담당 임원에게 단호하게 이야기하는 방법입니다. "상무님, 이상한 이야기를 하거나 제 몸을 만지는 것이 굉장히 불편합니다. 앞으로 그런 행동 안 해주셨으면 좋겠어요!"라고 단호하게 이야기하는 것만으로도 상무는 더 이상 성희롱이나 성추행을 하지 못할 겁니다. 자신이 잃을 것이 더 많다는 것을 본인이 제일 잘 알고 있을 테니까요. 가장 무난한 방법입니다.

혹여 '괜한 이야기를 해서 나만 불이익을 받는 것 아냐?'라는 생각이 들 수도 있습니다. 자칫 관계가 악화될 수도 있고, 그로 인해 갖가지 불이익을 받을 수도 있으니까요. 그럼 이제 다른 방법을 소개해드리겠습니다. 인사팀에 바로 이야기를 하는 겁니다. 요즘은 회사마다 성희롱이나 성추행에 대해 민감하게 반응하기 때문에 바로 조치를 해줄 겁니다. 이 방법을 선택하면 최소한 그 임원과 업무적으로 엮이는 일은 없을 겁니다. 어쩌면 그 임원은 좌천되거나 해고가 될 수도 있으니까요. 실제로 그런 사례가 적지 않습니다.

'그래도 분이 안 풀린다'라고 생각이 든다면 완전히 훅 보내는 방법도 있습니다. '고소'라는 방법이 바로 그것입니다. 성희롱이나 성추행하는 것을 본 동료가 있다거나 그것을 입증할 만한 기본적인 증거들만 있으면 법적으로 충분히 처벌할 수 있습니다. 만약 그런 증거가 없다면 성희롱이나 성추행을 할 때의 장소와 시간, 날짜를 기록해두거나 그 상황을 녹취해두는 것도 좋은 방법입니다. 이 정도만 되면 완전 빼도 박도 못하게 딱 걸리는 겁니다.

어떤 방법을 사용하시건 절대 지금의 상황을 묵과하거나 견디면 안 됩니다. 알량한 권력을 믿고 성희롱이나 성추행을 하는 사람은 임원이 아니라 그냥 양아치라고 봐야 합니다. 할 수 있는 한도 내에서 철저하게 자신의 행동에 대해서 책임을 물어야 합니다. 잊지 마세요. 자신의 권리는 스스로 지켜야 합니다. 그러니 고민하지 마시고 지금 당장 단호하게 행동하세요. 다시 한 번 말하지만 미친개한테는 몽둥이가 약입니다.

제 3 장

이직/퇴직 고민 타파!

 이직해도 괜찮을까요?

직장생활 10년 차입니다. 입사한 이후 10년 동안 연구소에서 설계 일만 하고 있는데, 얼마 전 스카우트 제의를 받았습니다. 지금 회사보다 규모도 작고 급여도 적지만 제가 성장할 기회는 더 많을 것 같습니다. 지금 여기 있으면 매일 같은 업무를 반복해야 할 것이 분명해 보이고, 더 성장할 수 있을 것 같지도 않습니다. 과감하게 이쯤에서 직장을 옮기는 게 좋을지 잘 모르겠습니다. 막상 10년 동안 다니던 직장을 그만두려니 두렵기도 하고 그러네요.

 본인이 '좋아하는 일'을 기준으로 생각해보세요

1. 직장을 화분에 비유해볼까요? 직장 내에서 팀을 옮기는 것은 원래 있던 자리에서 새로운 자리로 화분을 옮겨 놓는 정도의 작은 변화입니다. 반면에 이직은 기존의 인간관계, 익숙했던 업무를 버리고 흙과 화분 모두를 새것으로 바꾸는 것입니다. 마지막으로 새로운 직업을 갖는 것은 이제껏 뿌리를 내리고 있던 흙을 퍼내는 것뿐만 아니라 내게 맞는 새로운 화분을 직접 만들어야 하는 것이지요.

리스크로 보자면 팀을 옮기는 것이 제일 덜하고, 이직을 하는 것이 다음이고, 새로운 직업을 찾는 것이 가장 크겠지요. 다시 말해

110

직장을 옮기는 정도의 '화분갈이'는 결코 가벼운 선택은 아니지만 굉장히 무거운 선택도 아니라는 겁니다. 옮겨야 할 이유가 있고, 그 삶을 살아보고 싶다면 직장을 바꾸는 것은 얼마든지 가능한 선택입니다. 그러니까 '이직을 해야 하나 말아야 하나?'라는 질문에 대한 제 대답은 '이직하세요'입니다. 천 년, 만 년 살 것도 아니고 끽해봐야 100년도 채 못 살 인생인데, 해보고 싶은 건 해야죠.

저는 지금 고민 주신 분을 매우 긍정적으로 보고 있습니다. 외적인 조건 즉, 회사 규모나 연봉 같은 부분에 크게 비중을 두고 있지 않기 때문입니다. 이직하고자 하는 직장인들이 원하는 것은 대부분 더 규모 있는 직장, 더 많은 연봉이니까요. 물론 그런 선택이 잘못되었다는 것은 아닙니다. 어차피 돈 벌려고 다니는 것이 직장인데 복지도 더 좋고 돈도 더 많이 주는 직장으로 옮겨가지 못할 이유가 없지요.

저 역시 직장생활을 하면서 이직해오는 사람도 많이 보았고, 새로운 직장으로 이직하는 사람도 많이 보았습니다. 하지만 그들이 했던 공통적인 이야기는 "직장 별거 없다. 다 비슷하다"라는 겁니다. 규모가 큰 회사는 복지가 좋은 대신 부품처럼 일만 해야 하고, 돈을 많이 주는 회사는 또 그만큼 일을 많이 시키게 마련입니다. 삶의 긍정적인 변화를 기대하며 직장을 옮겼지만 옮긴 직장 역시 별반 다른 것이 없거나 불만족스럽더라는 것이 이직한 사람들의 일반적인 반응입니다.

2. 그들은 도대체 무엇을 놓친 걸까요? 바로 '내가 무슨 일을 좋아하는 걸까?' 하는 질문을 건너뛰었기 때문입니다. 직장인들이 흔히 하는 큰 오해

가 하나 있습니다. 지금 직장에 만족하지 못하는 이유가 복지나 연봉 같은 외적인 요소 때문이라는 오해죠. 하지만 사실 자신의 직장에 만족하지 못하는 이유는 직장에서 해야 하는 일이 자신에게 맞지도 않고 좋아하지도 않는 일이기 때문입니다. 어쩌면 관심도 없고, 좋아하지도 않는 일을 하기 때문에 복지나 연봉 같은 외적인 조건에 집착하는 것인지도 모르겠습니다.

고민 주신 분의 이야기를 들으며 걱정되는 것이 바로 이 부분입니다. 본인의 성장과 발전을 위해 지금 직장의 외적 조건을 포기할 수 있다고 말했죠? 하지만 이건 정말 위험할 수 있습니다. 만일 질문 주신 분의 '성장과 발전'이 안락하고 안정적인 생활을 영위할 수 있는 돈이라는 외적 조건이라면 말입니다. 혹여 '직장을 옮기면 처음에는 조금 힘들겠지만 열심히 일하면 거기서 인정받고 승진해서 지금보다 돈도 많이 벌고, 더 오래 다닐수 있을 것이다'라고 생각하시는 건 아닌가요?

성장과 발전이 궁극적으로 승진이나 연봉, 정년보장 같은, 결국 또 돈으로 귀결될 수밖에 없는 외적인 조건이라면 저는 차라리 지금의 직장에 머무는 것이 더 나은 선택일 수 있다고 생각합니다. 영세한 직장은 필연적으로 일은 더 많이 하고 급여는 덜 받을 수밖에 없는 구조입니다. 최악의 경우 영세한 기업은 직장 자체가 하루아침에 없어질지도 모릅니다. 그런 척박한 생활이 지속되면 예전의 좋은 복지와 많은 급여를 아까워하지 않을 도리가 없습니다.

이직을 할 때 가장 중요한 기준은 '좋아하는 일'이 되어야 한다고 생각합니다. 즉, 지금보다 조금 더 나에게 잘 맞고 즐겁게 할 수 있는 일로 다가가는 과정이어야 합니다. 결국 이직을 하고 싶은 근원적인 이유는 지금 직장의 일이 싫기 때문이니까요. 그러니까 자신의 성장을 위해서 이직을 하고 싶다면 '나는 어떤 일을 하면서 성장하고 싶은가?'를 먼저 물어야 하는 것이지요. 자신이 좋아하는 일로 밥벌이를 하는 것 자체가 직업적 성장이나 발전의 궁극이라고 볼 수 있을 겁니다.

조금 구체적으로 말해보자면, 가구 디자인을 하고 싶은 사람이 그와 관련된 직장으로 이직하는 것은 현명한 선택입니다. 컴퓨터 프로그래머가 되고 싶은 사람이 그와 관련된 직장으로 이직을 하는 것 역시 현명한 선택입니다. 결국 성공적인 이직의 핵심은 '이직을 통해서 내가 좋아하는 일에 얼마나 다가설 수 있느냐?'일 것입니다. '일' 자체에 대해서는 고민을 해보지 않은 채 '당분간은 힘들겠지만 그에 대한 외적인 보상을 받을 수 있을 것이다' 하는 기대를 한다면, 원하는 이직을 하더라도 달라지는 건 없을 겁니다. 아니 오히려 지금보다 더 힘든 상황에 직면하게 될 겁니다.

이직을 고민하신다면 '나는 무슨 일을 좋아하는 걸까?'라는 질문으로 시작하는 것이 올바른 순서입니다. 어디서 무슨 일을 하면서 성장, 발전하고 싶다는 질문 없이 그냥 성장, 발전하고 싶다는 건, 마치 어디로 갈지도 모르면서 그저 서 있는 것 자체가 불안해서 정처없이 어디론가 열심히 걷고 있는 것과 비슷하지 않을까요?

Q 회사를 옮겼는데 도저히 적응이 안 돼요

8년 차 직장인입니다. 새로운 직장으로 옮긴 지 3개월째인데 도저히 적응이 안 됩니다. 처음에는 모든 것을 새로 시작한다는 마음으로 의욕적으로 하자고 마음을 먹었지만, 경력 사원이라고 별도 교육도 없이 바로 실무를 던져주니 답이 없네요. 아직 업무 파악이 안 되어서 뭐가 뭔지도 모르겠는데 팀장은 경력사원이 이런 것도 못하냐며 하루가 멀다 하고 타박입니다. 또 예전 회사보다 시스템이 엉망이어서 자료 하나 공유하는 데도 관련 팀에 아쉬운 소리를 해야 하는 것도 자존심이 상합니다. 지금은 직장을 옮긴 걸 진짜 후회하고 있습니다.

A 지금은 일단 견디셔야 할 때입니다

이직, 쉬운 일이 아니죠. 말씀하신 것처럼 모든 것에 새롭게 적응해야 하니까요. 새로운 사람, 새로운 업무, 새로운 기업문화 등등. 그래서 많은 고민과 준비 없이 덜컥 이직을 한 사람들은 후회를 하곤 합니다.

회사가 신입사원 대신 경력사원을 채용하는 이유는 딱 하나, 바로 써먹기 위해서입니다. 신입사원을 채용하면 짧게는 1년 길게는 2~3년을 교육한 뒤에야 써먹을 만해진다는 것은 직장생활을 해보신 분은 다 아는 이야기입니다. 따라서 넘치는 업무를 기존 직원들이 도저히 감당할 수 없을 것 같을 때 경력사원을 채용하게 됩니다. 그러니 그런 상황에서 이직을 한 경력사원의 상황은 안 봐도 비디오죠.
누구 하나 제대로 업무를 가르쳐주는 사람이 없는 이유는 다들 자신의 업무가 정신없이 바빠서입니다. 아직 적응도 제대로 못했는데 업무를 못한다고 타박하는 이유는 팀장 역시 성과에 시달리고 있기 때문입니다. 업무에 필요한 자료를 잘 공유해주지 않는 이유는 기존 직원들의 텃세 때문일 겁니다. 이런 상황 때문에 답답하고, 직장을 옮긴 걸 후회하고 계신 걸 테지요. 어쨌든 이런 상황이 정상이냐 비정상이냐를 논하는 것은 무의미한 것 같습니다. 정상이든 비정상이든 지금 벌어지고 있는 '현재 상황'이기 때문입니다.

지금은 일단 견디실 때인 것 같습니다. 답답하고 힘드신 건 잘 알지만 그 때문에 이직을 후회만 하고 있거나 혹은 지금의 직장을 그만두는 것은 더

큰 악수를 두는 것입니다. 물론 불합리하고 억울하고 답답한 상황인 것은 맞지만, 어디 세상이 우리가 원하는 대로만 돌아가던가요?

삶은 시작부터 우리가 원한 것이 아니었습니다. 그러니 여러 가지 불합리하고 부조리한 여건에도 불구하고 오늘을 살아낼 수밖에 없지요. 때로는 자신의 잘못이 아닌 일에 책임을 지며 살 때도 있는 법입니다. 그게 삶이지요. 또 그런 삶을 긍정할 수 있는 사람이 어른이고요.

물론 지금의 불합리한 상황에 무작정 순응하며 살라는 이야기는 아닙니다. 정말 아니라고 생각이 된다면 지금의 직장 역시 그만두지 못할 이유는 없지요. 그렇게 옮긴 직장이 더 좋은 직장일 수도 있고요. 그럼에도 지금의 직장에서 조금 더 견뎌보는 것이 좋을 것 같습니다. 이전 직장을 그만둔 이유가 무엇인지는 모르겠지만 혹여 그때와 같은 이유로 지금의 직장을 그만두려고 하는 것은 아닌지 우려가 되기 때문입니다.

같은 실수를 반복해서는 안 됩니다. 직장을 그만두는 것 혹은 이직을 하는 것은 더 나은 삶을 위한 '긍정적 변화'여야지 지금의 삶을 회피하고 도망치는 '부정적 변화'여서는 안 됩니다.

어떤 일이든 시작할 때는 힘들게 마련입니다. 이건 과학적 진리이기도 합니다. 고장 난 자동차를 밀어보신 적 있나요? 정지해 있던 자동차를 밀 때는 힘이 많이 들지만 일단 자동차가 움직이기 시작하면 처음보다 훨씬 수월하게 밀립니다. 마찰력에는 '최대정지 마찰력'과 '운동정지 마찰력'이란 것이 있는데, 정지해 있던 물체를 처음 움직이게 하는 것이 '최대정지 마찰력'이고, 일단 움직인 물체를 더 움직이게 하는 것이 '운동정지 마찰력'입니다.

경험에서 알 수 있듯이 언제나 '최대정지 마찰력'이 '운동정지 마찰력'보다 큽니다. 말하자면 어떤 일이든 시작이 더 힘들다는 겁니다. 그리고 일단 시작이 되고 나면 의외로 수월해지는 겁니다.

지금 힘드신 것은 말하자면 '최대정지 마찰력' 구간에 있기 때문입니다. 당분간만 견디면 곧 수월한 '운동정지 마찰력' 구간으로 진입할 것입니다. 그렇다고 당분간의 견딤이 일을 미친 듯이 해야 한다는 의미는 아닙니다. 그저 할 수 있는 만큼만 하세요.

지금 과도하게 힘드신 이유는 일을 잘해야 한다는 압박감과 무엇인가 빨리 성과를 보여주어야 한다는 경력사원의 조바심 때문일 겁니다. 그 압박감과 조바심을 당분간 놓아두는 것이 좋습니다. 그렇게 시간이 흐르다 보면 지금 직장의 업무 흐름과 시스템도 보일 것입니다. 또 그렇게 시간이 지나면 동료 직원들도 본인을 경력사원이 아니라 동료로 인정해줄 것이고 더 이상 직원들의 황당한 텃세도 없어지겠지요.

지금 필요한 건 이직에 대한 후회나 지금 직장에 대한 원망, 새로운 업무에 대한 압박감과 조바심이 아니라 새로운 직장에 자연스럽게 녹아들 충분한 시간일 겁니다. 그 시간 동안 지금의 고충을 그저 견디면 됩니다. 다행스러운 것은 그렇게 견디는 시간에도 월급은 꼬박꼬박 나온다는 사실이지요. 그렇게 견디다 보면 어느 순간 알게 될 겁니다. 어딜 가나 직장은 다 비슷하다는 사실을.

많이 늦은 나이인데, 제가 좋아하는 일을 찾아도 괜찮을까요?

올해 마흔일곱 살의 직장인입니다. 한 직장에서만 18년 동안 근무하면서 나름 인정도 받고 있고, 생활도 어느 정도 안정되었습니다. 하지만 작년쯤부터 '지금 잘 살고 있는 것 맞나? 이게 내가 살고 싶었던 삶인가?'라는 질문이 계속 저를 괴롭힙니다. 그러다 작가님 책을 접했습니다. 직장을 다니다가 좋아하는 일을 찾아 떠났다는 이야기가 참 와 닿았습니다. 단도직입적으로 묻겠습니다. 한 가정의 가장으로서, 이 나이에도 좋아하는 일을 찾을 수 있을까요? 직장을 그만두고 새로운 삶을 시작할 수 있을까요?

많은 일들을 경험하면서 좋아하는 일을 찾아보세요

질문에 답하는 것을 잠시 뒤로 하고, 정말 멋있는 분이라는 말씀을 먼저 드리고 싶습니다. 누가 그러더군요. '사람은 마흔이 넘으면 그 나머지 삶은 자신이 살아왔던 삶을 정당화하는 데 쓰게 된다'고요. 실제로 많은 분들이 중년이 넘어가면 자신이 살아왔던 삶이 틀리지 않았음을 증명하는 데 많은 시간과 에너지를 쓰는 안쓰러운 모습을 보이곤 합니다. 하지만 선생님은 좀 다르군요. 마흔을 훌쩍 넘긴 나이에 '지금 내가 잘살고 있는 것이 맞나?'라는 질문은 아무나 할 수 있는 것이 아닙니다. 그 질문의 무게가 20~30대의 그것과는 비교할 수 없을 정도로 무거우니까요.

'정신없이 달려오느라 내 삶을 제대로 살아내지 못했구나, 내가 너무 허접하게 살아왔구나!'라며 자신의 삶을 진지하게 돌아보고 반추해볼 수 있는 사람이라면 정말 성숙하고 멋있는 사람 아닐까요? 그런 의미에서, 저도 선생님과 같은 나이가 되었을 때 선생님과 같은 고민을 하는 삶을 살고 싶습니다.

제가 선생님께 무엇인가 이야기를 해줄 수 있는 사람인지 잘 모르겠지만, 질문을 주셨으니 기꺼이 제 생각을 말씀드리겠습니다.

우선 원론적으로 저는 아무리 나이가 많더라도 자신이 하고 싶은 일을 해야 한다고 생각하는 편입니다. 이것은 '좋아하는 일을 하기 위해서는 나이 따위는 아무 상관없다'는 낭만적인 이야기가 아닙니다. 오히려 절박한 이야기에 가깝습니다. 삶을 두 번 살 수 있는 것이 아니니, 나이가 많다는 것은 곧 남은 시간이 젊은이들에 비해 적다는 이야기이고, 그러니 더 늦기 전에 오히려 젊은이들보다 더 절박하게 자신이 좋아하는 일, 원하는 삶을 갈망해야 할 것입니다.

하지만 문제는 삶이 참 야박하다는 것이겠지요. 40대 후반 가장의 삶이 어디 그리 녹록하던가요? 책임져야 할 무게가 클 것입니다. 특히 지금 직장을 그만두면 당장 다음 달부터 생활이 막막해지는 것은 월급쟁이라면 누구도 피해갈 수 없는 고민일 테지요. 또, 20~30대는 선택에 실수가 있더라도 그 실수를 자양분 삼아 다시 시작할 충분한 시간과 에너지가 있지만 40대 후반의 삶은 조금 다르겠지요.

저는 이런 현실적인 조건 하에서 선생님의 질문에 답을 드리고 싶습니다. 지금 선생님의 고민은 '좋아하는 일을 해야 하는가?'가 아니라 '좋아하는 일을 찾아도 괜찮을까?'입니다. 18년 동안 열심히 일하셨으니 현재 직장을 조금 이용하는 것도 괜찮을 것 같습니다. 먼저 직장 일을 줄이고 다양한 취미생활을 해보세요. 아마 선생님은 정신없이 열심히 일하느라 마땅한 취미생활이나 좋아하는 일이 없으실 겁니다. 그러니 이제 열심히 살아온 삶에 대한 보답이라 생각하고 이제껏 해보시지 않았던 많은 일들을 경험해보는 게 어떨까요?

영화도 보고, 연극도 보고, 조각도 해보고, 콘서트도 가보고, 문학책도 읽어보고, 바둑도 해보고, 춤도 배워보고, 등산도 한번 가보세요. 이제껏 조금이라도 눈길이 갔거나 흥미롭겠다고 생각했던 것들을 충분히 즐겨보셨으면 좋겠습니다. 이제까지의 '책임'과 '의무'에 눌려진 삶에서 벗어나 자신이 즐길 만한 것들을 해볼 수 있는 '여유'와 '욕망'을 허락해주는 것이 중요할 것 같습니다. 직장을 그만두지 마시고 하고 싶은 일들을 마음껏 해보는 시간을 가졌으면 좋겠습니다. 어쨌든 돈은 필요하니까요.

그렇게 관심이 있었던 것들을 즐기는 삶을 1~2년 살다보면 어느 순간 '아, 나는 이걸 하면서 살면 참 좋을 것 같아'라는 느낌이 드는 일을 발견할 수 있을 겁니다. 그때, 직장을 떠나 그것을 하는 삶을 살면 됩니다. 그렇게 좋아하는 일을 오래 하다보면 크지 않은 돈이지만 조금의 돈을 벌게 될 수도 있습니다.

저는 그런 방식으로 선생님이 너무 늦기 전에 좋아하는 일을 찾고, 또 그 일을 하면서 행복한 삶을 살 수 있기를 바랍니다. 현실적인 많은 문제에도 불구하고 꼭 그렇게 살았으면 좋겠습니다. 평생 동안 하고 싶지 않은 일을 하면서 자식들 키우는 역할만을 하는 삶은 너무 서글프지 않을까요?

좋아하는 일을 하기에 늦은 나이는 없습니다. 만일 우리에게 주어진 삶이 한 달 혹은 1년뿐이라면, 어떻게 할까요? '그래 이미 늦었으니까 이제껏 살던 대로 살자'라고 생각할까요? 아니면 '이제라도 내가 살고 싶었던 삶을 살자'라고 생각할까요?

아마 대부분이 후자이겠지요. 그렇다면 선생님은 행운아일지도 모릅니다. 남겨진 삶이 한 달, 1년이 아니라 최소한 몇 십 년은 되는 것일 테니까요. 우리에게 남겨진 삶의 시간은 선물입니다. 그 선물을 만끽하며 사는 것, 그것이 우리가 삶의 마지막 날에 후회 없이 살았노라고 말할 수 있는 유일한 방법 아닐까요?

선생님의 행복한 삶을 진심으로 바랍니다. 참, 그리고 《버킷 리스트》(2008년, 롭 라이너 감독)라는 영화가 있습니다. 혹여 보시지 않았다면 지금쯤 한 번 보시면 좋을 것 같습니다. 선생님을 응원하겠습니다.

직장을 그만두고 귀농을 하고 싶습니다

30대 후반의 직장인입니다. 지방에서 살다가 직장 때문에 서울로 온 지 10년이 다 되어가는데, 그동안 저는 한 번도 마음이 편했던 적이 없습니다. 늘 바쁘고 정신없는 직장생활은 물론 각박한 서울 생활 자체가 늘 불편했습니다. 직장을 그만두고 다른 직장으로 옮겨갈 생각도 해봤지만, 직장을 옮긴다고 해결될 문제는 아닌 것 같습니다. 그래서 아내와 많은 고민을 하다가 귀농에 대해 진지하게 이야기를 나누고 있습니다. 물론 귀농 생활에 대해 걱정이 되는 것도 사실입니다. 귀농을 생각하고 있는 저에게 해줄 이야기가 있다면 부탁드립니다.

귀농은 '여행'이 아니라 '현실적인 삶'입니다

1. 저도 직장생활을 할 때 직장을 그만두고 도시에서 살 것인지 아니면 시골에서 살 것인지를 진지하게 생각해본 적이 있습니다. 귀농도 삶의 변화를 모색할 때 하나의 좋은 대안이 될 수 있으니까요. 사람마다 자신이 원하는 삶의 양식과 속도가 있습니다. 도시의 삶의 양식과 속도가 잘 맞는 사람도 있고, 시골의 삶의 양식과 속도가 잘 맞는 사람도 있습니다. 어떤 삶이든 자신에게 어울리는 삶을 선택한다면 훌륭한 선택일 겁니다.

우선 귀농을 생각한다면 가장 먼저 '자유'와 '정'(情) 중에 어떤 가치를 더 중요하게 생각하는지 고민해보셔야 합니다. 선뜻 이해가 안 되실 수도 있을 테니 귀농을 시도했던 제 친구 이야기를 하는 것이 좋겠네요. 도시의 각박함과 정신없이 바쁜 삶이 싫어 직장을 그만두고 시골 생활을 시작한 친구가 있었습니다. 그런데 그는 석 달을 채 넘기지 못하고 다시 서울로 왔습니다. 그에게 대체 무슨 일이 있었던 걸까요?

처음에는 시골의 인심이나 정이 정말 좋았다고 합니다. 하지만 시간이 지나면서 그 인심이나 정은 '답답함'으로 느껴졌습니다. 조용히 책을 읽고 음악을 듣고 싶을 때도 동네 사람들은 불쑥불쑥 말을 걸었고, 그다지 이야기하고 싶지 않은 개인적인 사생활도 거리낌 없이 물어보곤 했습니다. 시간적, 공간적인 자유를 허용해주지 않았던 셈이죠. 생각해보면 당연한 것입니다. 시골의 정이라는 것은 이웃집에 숟가락 몽댕이가 몇 개인지 알 수 있을 만큼 긴밀한 사이이기 때문에 가능한 것입니다. 그러니 자유로운 혼자만의 공간이나 시간이 현저히 적을 수밖에요.

반면에 도시의 생활은 분명 각박하고 정신없이 돌아가면서 서로에게 무관심하지만, 그 때문에 자유로움을 만끽할 수 있습니다. 만원 지하철 속에서도 우리는 이어폰을 끼고 좋아하는 음악을 듣거나 책을 읽을 수 있는 자유를 만끽할 수 있지만, 시골에서는 옆에 단 한 사람만 있어도 음악을 듣거나 책을 읽기가 불가능해집니다. 나에게 끊임없이 관심을 보이면서 이런저런 이야기를 하려고 할 테니까요. 정(情)이 넘치는 시골이잖아요.

이처럼 귀농을 한다는 것은 더불어 사는 따뜻한 정을 위해 일정 정도 개인의 자유를 포기해야 한다는 사실을 의미합니다. 인생에 공짜는 없습니다. 자유를 선택하면 어느 정도의 고독을 감내할 수밖에 없고, 정을 선택하면 어느 정도 자유를 제한당할 수밖에 없습니다. 혼자만의 자유를 만끽하면서 이웃과 함께하는 따뜻한 정을 나눌 수는 없습니다.

2. 귀농생활의 '빡셈' 역시 고민해보아야 할 문제입니다. 도시에서 분업화된 직장을 다녔던 사람에게 시골 생활은 여간 힘든 것이 아닙니다. '삼시세끼(정선편)'라는 방송 프로그램을 보신 적이 있나요? 이 프로그램은 귀농 혹은 유기농 라이프라는 것이 얼마나 고되고 힘든 것인지를 간접적으로 보여줍니다. 실제 귀농 생활은 그보다 몇 배는 더 고되고 힘듭니다. 프로그램 출연자들은 밥만 해먹으면 되지만, 진짜 농촌 사람들은 밥을 먹기 위해 농사까지 직접 지어야 할 테니까요.

시골의 삶은 결코 낭만적이지 않습니다. 불편하고 고됩니다. 편의점도 없고, 직접 몸을 쓰며 땀 흘려 일을 해야 밥을 먹을 수 있습니다. 이런 모든 문제들을 감내할 수 있는 사람만이 느린 삶의 속도를 즐길 수 있고, 매일 자연과 함께하는 삶을 즐길 수 있을 것입니다.

아울러 현실적인 두 가지 문제는 반드시 염두에 두셔야 합니다. 1997년 IMF 이후 한동안 귀농 열풍이 분 적이 있습니다. 하지만 얼마 지나지 않아 귀농을 했던 많은 사람들이 다시 복귀를 했습니다. 크게 두 가지 현실적인 이유 때문이었습니다. 의료시설과 전력시설입니다.

일상적인 삶을 유지하기 위해 의료 문제와 전력 문제는 아주 중요합니다. 갑자기 누군가 아플 때 치료를 받을 수 있는 병원이 없는 곳에서는 정상적인 일상을 유지할 수 없습니다. 지금은 거의 대부분의 지역에서 '전력'이 문제가 되지 않지만, '의료' 문제는 예나 지금이나 크게 달라진 것이 별로 없습니다.

귀농은 여행이 아니라 그곳에서 일상적인 삶을 사는 것입니다. 그러니 지금의 삶의 불만을 해소하는 식의 귀농은 그 결과가 좋지 못할 가능성이 매우 높습니다.

3. 이런 모든 문제는 인터넷을 뒤진다고 알 수 있는 것이 아닙니다. 직접적인 경험만큼 강력한 배움도 없지요. 그런 측면에서 저는 조금 번거롭더라도 주말에 가족들과 여행을 간다 생각하고 귀농을 할 곳을 찾아보는 귀농 여행을 추천합니다. 그리고 괜찮은 장소를 찾았다면 조금 더 여유를 가지고 주말이나 휴가를 통해 그곳에 머물면서 귀농 생활을 직접 체험해보셨으면 좋겠습니다.

이런 귀농 여행과 귀농 체험을 통해 앞서 말했던 여러 가지 문제들을 검토하고 검증할 수 있을 겁니다. 의료시설이 잘 갖춰져 있는지, 본인이 시골의 정서와 잘 맞는 사람인지 알게 될 것이고, 또 시골의 실제적인 삶을 감당할 수 있는 사람인지도 알게 될 것입니다. 그리고 그 과정 속에서 가족들 역시 시골의 삶의 매력을 알게 되거나 그 삶에 미리 적응하게 되겠지요.

귀농은 쉽지 않은 일이지만 지친 우리네 삶의 하나의 훌륭한 대안이 될 수 있습니다.

도시의 삶에 잘 어울리는 사람이 시골에서 사는 것도 불행이지만, 시골에 사는 것이 어울리는 사람이 도시에서 사는 것 역시 불행입니다. 다만 그 시행착오를 줄일 수 있었으면 합니다.

성공적인 귀농을 하시길 바랍니다.

 제가 무엇을 좋아하는지 잘 모르겠어요

직장 생활 5년째인 직장인입니다. 지난달은 정말 행복했습니다. 그렇게도 바랐던 승진을 했기 때문입니다. 그런데 첫 달이 지나고 보니 예전과 별반 달라진 것이 없는 것처럼 느껴집니다. 이 묘한 허탈감을 달래기 위해 책도 읽고 강연도 듣기 시작했습니다. 그런데 책이든 강연이든 한 가지 공통점이 있다는 것을 알게 되었습니다. '좋아하는 일을 하라!' 하는 겁니다. 처음 그 말을 들었을 때는 무엇인가 희망적인 느낌도 들었지만 요즘은 짜증만 납니다. 좋아하는 일을 하면서 살고 싶은데 정작 제가 무엇을 좋아하는지 모르기 때문입니다. 어찌해야 하나요?

A 먼저 '노동'과 '놀이'의 차이를 생각해보세요

1. 승진을 했는데도 행복은커녕 이상한 허탈감을 느끼는 이유는 뭘까요? 그것은 자신이 정말 원했던 일이 아니라 타인이 원했던 일이기 때문입니다. 우리는 우리가 원하는 일을 하고 있다고 믿지만, 사실은 사회가 원하는 일을 우리가 원하는 일이라고 믿으며 살고 있을 뿐입니다. 그렇다면 정말 우리가 원하는 일인지 사회가 원하는 일인지 어떻게 구분할 수 있을까요? 불행히도 그것은 원하던 일을 이루어냈을 때만 알 수 있습니다.

어떤 일을 이루어냈을 때 '이제 뭘 하지?'라는 느낌이 든다면, 그것은 진정한 자신의 욕망이 아닙니다. 반면에 진정 원하던 일을 이루게 되면 '신난다! 이제부터 시작이다!'라는 느낌이 들 겁니다. 지금 느끼는 묘한 허탈감은 바로 그 때문입니다.

수능 성적에 맞춰 대충 무난한 공대 기계과에 갔던 저는 입학과 동시에 무료함과 허탈감을 느낄 수밖에 없었지만, 저와 달리 그림을 너무 그리고 싶어서 미대에 갔던 제 친구는 입학과 동시에 얼굴에 빛이 났고 눈에는 설렘이 가득했습니다. 그 친구가 했던 말이 생각나네요.

"이제 진짜 그림만 그릴 수 있겠다."

2. '누가 모릅니까? 좋아하는 일을 하면 좋은 줄!' 그렇게 생각하실 수도 있을 것입니다. 맞습니다. 진짜 문제는 좋아하는 일이 무엇인지 모른다는 것입니다. 그러니 좋아하는 일을 하라고 떠드는 책과 강연이 짜증날 수밖에요. 저 역시 그런 시간을 겪었던 터라 진심으로 이해가 됩니다. 하지만 그것은 우리의 탓만은 아닙니다. 한국의 천박한 공교육은 자신이 무엇을 좋아하는지를 결코 가르치지 않으며 그런 것을 알 수 있는 최소한 여유조차 허락하지 않습니다.

어떻게 하면 자신이 좋아하는 일을 찾을 수 있을까요? 이 질문에 대한 답을 하기 전에 우선 '노동'과 '놀이'에 대해 조금 알아볼 필요가 있을 것 같습니다.

'노동'은 수단과 목적이 분리된 행동입니다. 예를 들어 직장의 일은 돈이라는 목적을 달성하기 위한 수단이기 때문에 '노동'입니다. 반면에 '놀이'는 수단과 목적이 일치된 행동입니다. 대표적인 것이 아이들의 블록놀이입니다. 아이들이 블록을 쌓는 이유는 돈을 벌거나 밥을 얻어먹기 위해서가 아니라 그냥 좋아서입니다.

만약 자신이 정말 좋아하는 일을 아직 찾지 못했다면 그것은 자신의 삶에 노동의 영역만 가득할 뿐 놀이의 영역은 거의 존재하지 않거나 심지어 놀이를 부정하고 있기 때문입니다. 강연을 하면서 노동과 놀이의 차이점을 설명한 후 자신의 삶에 놀이의 영역이 있는지를 종종 묻곤 합니다. 한 여성은 운동이 자신의 놀이라고 답하더군요. 저는 그분에게 다시 물었습니다. 전혀 살이 안 빠지더라도 운동을 하시겠냐고. 그분은 답하지 못했습니다. 그분에게 운동은 살을 빼는 수단이지 '놀이'가 아니었기 때문입니다.

이처럼 대부분의 현대인들은 목적을 달성하기 위한 수단으로서 어떤 행동 즉 '노동'을 하루 종일 하면서 그것을 당연하다고 생각합니다. 하지만 그것이 정말 당연한 것일까요?

자신이 좋아하는 일이 무엇인지 몰라 답답하다고 하셨지요? 그럼 스스로에게 이렇게 한번 물어보세요. '나는 하루에 놀이를 얼마나 하고 있는가?' 특정한 목적의식 없이 그저 순수하게 그것을 즐기는 일을 얼마나 많이 하고 계신가요? 아니 어쩌면 목적 없이 어떤 행동을 한다는 것을 무책임하고 순진해 빠진 행동으로 여기고 있는 것은 아닐까요? 혹시 '좋아하는 일을 찾고 싶다'는 생각마저 성공하고 싶고 돈을 많이 벌고 싶다는 어떤 목적을 달성하기 위한 수단으로 대하고 있는 것은 아닐까요?

'좋아하는 일을 찾는다'는 것은 '오직 나니까 즐길 수 있는 놀이를 찾는다'는 말과 정확히 일치합니다. 그런데 지금 놀이가 전혀 없는 삶을 살고, 놀이를 부정하는 삶을 사는 사람이 어찌 자신이 좋아하는 일을 찾을 수 있을까요?

그것은 곧 사막으로 놀러가서 물이 없다고 투덜대는 것과 다르지 않습니다.

3. 이제 좋아하는 일을 찾을 수 있는 방법이 슬며시 보일 것도 같습니다. 진정으로 자신이 좋아하는 일을 찾기 위해서는 목적 없이 노는 것부터 시작해야 합니다. 목적과 수단이 분리되는 행동을 줄이고, 최대한 수단과 목적이 일치되는 행동을 늘려 나가야 합니다. 물론 쉽지 않습니다. 우리는 이미 뼛속까지 '노동'에 적응되어 있으니까요. 어떤 일을 하건 목적, 다시 말해 어떤 구체적인 이득이 없다면 어떤 행동도 하지 않으려 하는 게 일상화된 셈이죠.

우리의 삶을 돌아보세요. '인맥관리'라는 말을 너무 쉽게 하지요? 사실은

참 끔찍한 말입니다. 그저 함께 있으면 좋은 사람이 아니라 나에게 도움이 될 만한 사람들만 골라서 만나는 것이니까, 사람을 만나는 것조차 노동이 된 것입니다. 즉 인맥관리란 말은 사람을 목적이 아닌 수단으로 대하는 것을 당연하게 여기게 된 결과라고 할 수 있습니다.

좋아하는 일을 찾고 싶다면 지긋지긋한 목적의식을 내려놓는 것부터 시작해야 합니다. 승진을 위해 영어공부를 하는 대신 끌리는 영화 한 편을 보고, 원만한 직장생활을 위해 억지로 회식에 참석하는 대신 그저 함께 있는 것만으로도 행복한 사람을 만나고, 살을 빼기 위해 체육관을 가는 것이 아니라 그곳에 있는 것만으로도 충분히 행복한 장소를 찾아가고, 업무를 위해 출장을 가는 것이 아니라 그저 마음이 끌리는 곳으로 여행을 가는 경험이 필요합니다.

목적이나 결과를 기대하는 행동이 아니라 과정 자체에서 충분히 즐겁고 설레는 행동을 늘려 나가야 합니다. 그렇게 목적의식 없이 과정에 흠뻑 빠질 수 있는 놀이를 충분히 즐기다 보면 어느 사이엔가 자연스럽게 알게 될 겁니다. '아, 나는 이런 것을 정말 좋아하는 사람이었구나!'라는 사실을. 이처럼 좋아하는 일은 우리 삶에 노동의 영역을 줄이고 놀이의 영역을 확장해나갈 때 자연스럽게 찾아질 것입니다. 그것이 우리가 좋아하는 일을 찾는 가장 확실하고 유일한 방법입니다.

Q 직장을 그만두고 싶은데 마땅한 대안이 없어요

직장생활에 염증을 느끼고 있는 10년 차 직장인 J입니다. 얼마 전 작가님이 쓴 책,《저 오늘 회사 그만둡니다》를 읽고 참 많은 공감을 했습니다. 저 역시 비슷한 고민을 한 지 오래되었기 때문입니다. 한편으로는 '작가'로서 직장을 그만둘 분명한 대안이 있다는 것이 얼마나 부러웠는지 모릅니다. 저는 마땅한 대안이 없어서 지금 자리에 머물러 있기 때문입니다. 직장을 그만두고 싶지만 마땅한 대안이 없는 저, 어떻게 해야 할까요?

A '대안' 뒤에 '사표'가 오는 게 아니라 '사표' 뒤에 '대안'이 옵니다

1. 사적으로 혹은 강연을 하면서 J씨와 같은 이야기를 하는 분들을 많이 만났습니다. 생계가 걸린 직장을 아무런 대안도 없이 그만두라니, 그보다 더 무책임한 이야기도 없었을 겁니다. 저는 그래서《사표 사용 설명서》라는 책을 썼습니다. 직장을 그만두고 행복한 밥벌이로 가기 위해 어떤 준비를 해야 하는지 설명한 책입니다. 하지만 그 책이 나온 뒤에 저는 더욱 속이 상했고, 안타까웠습니다. 직장을 그만둔 뒤의 대안을 요구했던 사람들에게 제 나름의 대안을 제시했지만 그들은 여전히 자신의 삶에서 한 발도 움직이려 하지 않았기 때문입니다.

그러던 어느 날, 한 통의 메일을 받았습니다. 직장 때문에 우울증에 걸려 힘들다는 이야기였습니다. 절절한 이야기 때문에 그를 직접 만났습니다. 그리고 조금의 격려의 말과 저의 대안이 담긴 두 권의 책을 건네주었습니다. 한 달쯤 지난 뒤 그에게서 다시 메일이 왔습니다.

"작가님 이야기 중에 우리 회사에 적용할 수 있는 것도 있고, 아닌 것도 있습니다. 적용할 수 없는 부분은 제가 조금 바꾸어 사용해볼 수 있을 것 같아요. 이제 직장을 벗어나기 위해 무엇인가를 해볼 수 있을 것 같아요. 정말 감사합니다."

2. 그 친구는 제가 제시한 대안이 정답이라고 믿었기 때문에 자신의 삶에 적용해서 변화를 모색한 것일까요? 아마 아닐 겁니다. 바보가 아니라면 삶에 정답 따위는 없다는 것쯤 다 알고 있습니다. 하지만 어떤 사람은 조금 부족하고 때로는 믿지 못할 것 같은 대안 앞에서도 담대하게 한 걸음을 내딛곤 합니다. 바로 그 차이가 제가 J씨에게 말씀드리고 싶은 것입니다.

복잡하게 갈 것 없이 직구로 가보지요. '사표'와 '대안' 중 어떤 것이 먼저라고 생각하시나요? 직장인들은 대체로 그럴듯한 혹은 안정적인 '대안'만 있다면 '사표' 정도는 종이비행기를 접어 팀장에게 날릴 수 있을 것이라 믿고 있습니다. 정말 그럴까요?

'대안'이 먼저고 그 다음이 '사표'라고 생각하는 사람에게는 그 어떤 합리적이고 훌륭한 대안도 아무 소용이 없습니다. 직장은 불행하지만 안정적이거든요. 그래서 대부분의 직장인은 불행과 안정을 맞바꾸며 삽니다. 내게 매일을 보냈던 그 친구가 썩 잘나지도 못한 제 이야기를 믿고 삶의 변화를 밀어붙인 이유는, 제 대안이 엄청 훌륭했기 때문은 아닐 겁니다. 그보다는 더 이상 직장을 다닐 수 없다는 절박함 때문일 겁니다.

사실 '사표'는 두 가지 종류가 있습니다. 하나는 '물리적 사표'이고 또 하나는 '정서적 사표'입니다. 물리적 사표는 말 그대로 사직서 즉 직장을 떠나기 직전에 행정적인 절차로서 제출하는 사표입니다. 반면에 정서적 사표는 직장을 다니는 동안 마음속으로 '나는 이곳을 그만둔다!'라고 확실히 다짐을 하는 것입니다. 삶의 변화를 이끌 대안은 '정서적 사표'를 쓴 후에야 비로소 보이기 시작할 것입니다.

대안은 분명 중요하지만 동시에 아주 공허한 것이기도 합니다. 목욕탕에 불이 났다고 해봅시다. 당장 불이 나서 죽을 판인데 '그래도 옷은 입어야지' '지갑은 챙겨야지'라고 말하는 사람은 없을 겁니다. 그런 위기 상황에서 대안은 참으로 공허하지요.

입만 열면 직장을 그만두겠다고 말하는 사람이 사실은 사표 이후의 삶을 위해 아무런 준비도 하지 않는 경우는 너무도 흔합니다. 진정으로 직장을 떠날 마음이 없기 때문입니다. '불확실한 행복'보다는 '안정적인 불행'에 익숙해져 있으니까요. 더 서글픈 것은 '안정적인 불행' 역시 이제는 더 이상 안정적이지 않다는 것이지요. 회사에서 '이제 그만 나가게'라고 말하기 전까지만 안정적이기 때문입니다. 말하자면 지금 우리의 직장은 불이 난 목욕탕과 별반 다르지 않습니다. 거기서 여유롭게 옷도 챙기고 지갑도 챙기려는 사람은 '아니야 불이 난 게 아닐 거야, 지금 연기는 따뜻한 물 때문에 생긴 수증기일 거야'라고 자신을 속이고 있는 것입니다.

다행스러운 것은 목욕탕이 불타는 속도보다 우리네 직장이 불타는 속도가 조금은 느리다는 것입니다. 이것이 우리의 마지막 희망입니다. 3년도 좋고, 5년도 좋고, 10년도 좋습니다. 반드시 직장을 그만둔다는 정서적 사표를 써야 합니다. 그리고 정서적 사표 뒤에 오는 현실적 절박함만이 대안을 만들 것입니다.
대안이 없다고 이야기하는 J씨에게 정말 중요한 질문은 이것입니다.
'나는 지금 정말 절박하게 직장을 그만두고 싶은가?'
잊지 마세요. '대안' 뒤에 '사표'가 오는 것이 아니라 '사표' 뒤에 '대안'이 온다는 사실을.

Q 작가님 얘기대로 하면, 직장은 누가 다니나요

A '좋아하는 일'이 곧 '편한 일'이라고 생각하지 마세요

1. 직장을 계속 다니고 싶으면 다니세요. 제가 뭐라고 할 수 있는 것은 아니니까요. 하지만 저는 의아스러운 점이 있어요. 정직하게 이야기해서, 질문하신 분은 정말 사람들이 제 이야기를 믿고 따르느라 직장을 다닐 사람이 한 사람도 없을까 봐 걱정이 되세요? 아니면 세상의 환경미화원이 다 없어질까 봐 걱정이 되세요? 진심으로 그런 고민을 하고 있다면 정말 훌륭한 분입니다. 함께 사는 사회에 대한 그런 품격 있는 고민을 하는 사람은 정말 드무니까요.

가끔 사람들은 자신의 용기 없음이나 비겁함을 가리기 위해 '다수'를 통한 명분을 찾는 경우가 있습니다. 예를 들어 어떤 사람이 길을 가다가 지갑을 주웠는데, 그 지갑의 주인을 찾아주지 않았다고 가정해보지요. 그리고 누군가 자신을 비난하면 지갑을 주운 사람은 "다른 사람이 지갑을 주웠어도 나처럼 했을 거야!" 하고 변명을 하겠지요.

실제로, 다른 사람 역시 우연히 지갑을 주워서 주인을 찾아주지 않을 가능성이 높습니다. 그렇다고 해서 지갑의 주인을 찾아주지 않은 것이 정당화되는 것은 아니지요. 다른 사람 역시 그렇게 할 것이라는 건 비겁한 변명에 불과합니다. 실제로는 '공돈을 쓰고 싶은 마음' 때문이니까요.

이 부분에서 우리는 아주 정직해져야 합니다. '행복하지 않다면 직장을 그만두어야 한다'는 이야기를 부정해서는 안 됩니다. 야박하게 말하자면 직장을 그만두지 못하는 것은 대부분 본인 탓입니다. 직장은 싫지만 지금의 안정적인 급여를 포기하고 싶지 않다는 나약한 마음 때문이지 직장을 다닐 사람이 없을까 봐, 아무도 환경 미화원을 하지 않을까 봐서는 아닐 겁니다.

만약 제 이야기가 불편하게 들렸다면, 그것은 제 이야기가 궤변이라서가 아닐 겁니다. 안정적 급여를 포기할 용기가 없어서이거나, 경제적 형편이 좋지 않다면 지금의 상황이 답답해서일 겁니다. 정말 행복한 밥벌이를 하고 싶다면 '다수'라는 이름의 명분 뒤에 숨으면 안 됩니다. 세상 사람들이 다 불행하게 살면 본인 역시 불행하게 살 건가요? 세상 사람들이 전부 직장을 안 다니면 그때 직장을 그만두실 건가요? 자신의 인생은 자신이 결정하는 겁니다. 이것을 잊으면 안 됩니다.

제 이야기가 궤변이라고 비판하는 것은 상관없습니다. 하지만 그 비판의

초점은 '다들 직장을 그만두면 직장은 누가 다니느냐?'가 아니라 '나는 지금 직장을 그만둘 용기가 있는가?'가 되어야 합니다. 본인의 용기 없음 혹은 자신이 처한 현실적 조건들 때문에 직장을 그만두지 못하는 것이라는 사실을 분명히 해야 합니다. 그래야 지금보다 나은 삶을 기대할 수 있기 때문입니다. 다수의 명분 뒤로 숨으려는 사람은 자신보다 불행한 사람을 억지로 찾곤 하지요. 그리고 그 사람을 보며 이렇게 말하곤 합니다. "다들 불행하게 사는데 뭘……."

2. 야박한 이야기는 이쯤 하고 '다들 자신이 좋아하는 일을 하면 미화원처럼 모두가 기피하는 일은 누가 하나요?'라는 질문에 대한 답을 해보겠습니다.

매우 의미 있는 질문입니다. 환경 미화원처럼 대부분의 사람이 기피하는 직업은 실제로 존재하니까요. 이런 생각부터 해보는 것이 좋을 것 같습니다. 지금과 같은 직업적 분업은 어떻게 생긴 것일까요? 바로 자본주의 때문입니다. 효율을 중요하게 생각하는 자본주의는 직업을 극도로 분업화시켰습니다. 음식을 잘하는 사람은 음식만 하고, 자동차 수리를 잘하는 사람은 자동차 수리만 하는 식으로 말입니다. 그 결과 청소만 하는 환경 미화원도 생기게 되었습니다.

그렇다면 전(前) 자본주의 시대는 어떤 사회였을까요? 전 자본주의 시대는 시골 사회와 비슷했을 겁니다. 물론 그때도 직업적 분업은 있었겠지요. 농사를 짓는 사람, 옷을 만드는 사람, 떡을 만드는 사람 등등. 그런데, 그때도 환경 미화원이 있었을까요? 아마 없었을 것입니다. 대부분 새벽에 일어나

자기 집 앞은 직접 치웠을 테니까요.

말씀하신 것처럼 사람은 자기가 좋아하는 일만 하며 살 수는 없습니다. 자신이 좋아하는 일만 하면서 살 수 있다면 환경미화원 같은 일은 아무도 하지 않으려 할 테니까요. 그럼 여기서 상상력을 조금 발휘해보지요. 어쩌면 세상 사람이 모두 자신이 좋아하는 일만 하며 살게 되면 요리사나 환경 미화원을 하려는 사람은 없을 수도 있습니다. 그때는 어찌해야 할까요? 어려울 것 없습니다. 음식과 청소도 각자 하면 됩니다.

질문 주신 분은 '좋아하는 일'을 하며 사는 것이 '편안하게 사는 것'이라는 착각에 빠져 있다는 느낌이 강하게 듭니다. 하지만 좋아하는 일을 한다는 것이 편하게 산다는 것을 의미하지는 않습니다. 어쩌면 설사 싫어하는 일이라도 누군가 시키는 대로 하면서 사는 것이 더 편한 삶일지도 모릅니다. 좋아하는 일을 하며 산다는 것은 분명 행복한 삶이지만 편안한 삶은 아니니까요. 각자 음식을 해먹고 거리를 청소하며 사는 건, 편안한 삶은 아니겠죠?

'좋아하는 일=편한 일'이라는 미성숙한 생각에서 벗어날 수 있을 때 우리는 비로소 자신이 좋아하는 일을 한다는 것을 긍정할 수 있을 것입니다. 또 그런 긍정이 바탕이 되었을 때 자신이 좋아하는 일을 하며 사는 행복한 삶을 영위할 수 있을 겁니다.

Q 명예퇴직을 당할 것 같아요. 어찌해야 할까요?

대기업에서 17년째 근무하고 있는 D입니다. 어디 이야기할 데도 없고 해서 작가님에게 이렇게 연락 드립니다. 저는 한 직장에서만 지금까지 근무했습니다. 그런데 얼마 전 친하게 지내던 임원에게 올해 정리해고 명단에 제가 들어있다는 이야기를 들었습니다. 이런 날이 오리라 생각은 했지만, 막상 닥치니 온갖 생각이 다 듭니다. 고등학생 아들, 대학생 딸은 어찌 키울지 그것도 막막하지만, 거의 20년 동안 열심히 일한 나를 내치는 회사에 대한 배신감까지……. 제 나이 마흔일곱입니다. 무엇인가 다시 시작하기에는 너무 늦은 것 같아 더욱 막막합니다.

A 당분간은 그저 삶의 공백을 즐기셨으면 좋겠습니다

1. 먼저, 정말 수고하셨다는 말씀을 꼭 드리고 싶습니다. 치사스럽고, 정신없고, 고된 직장에서의 17년 세월을, 저는 정말 잘 알고 있습니다. 그토록 긴 세월 동안 가족을 위해 묵묵히 일해온 가장의 뒷모습보다 더 아름다운 모습이 있을까요? 정말 수고하셨습니다. 그리고 동시에 축하한다는 말씀도 드리고 싶습니다. 비록 자의가 아닌 타의였지만 너무 늦기 전에 직장이라는 감옥으로부터 벗어나게 되었으니까요.

그동안 가장의 의무를 다하느라 본인의 삶을 제대로 살아본 적이 없으시겠지요? 평범한 우리 시대의 여느 아버지들처럼. 저는 D씨가 직장에서 쫓겨났다고 생각하지 마시고 새로운 삶을 시작할 수 있는 기회를 맞이했다고 생각하셨으면 좋겠습니다. 이것은 정리해고를 당한 사람의 군색한 변명이나 자기합리화가 아니라 있는 그대로의 사실입니다.

중년 퇴직자들의 흔한 실수는 너무 빨리 다른 직장으로 옮겨간다는 것입니다. 물론 이해가 됩니다. 이미 몸에 붙은 월급쟁이의 관성 때문에 갑자기 생긴 삶의 공백을 감당할 수 없는 탓이지요. 직장생활 내내 자유인을 꿈꾸었지만 막상 자유가 생기니 그것을 감당할 수 없어 스스로 또 다른 직장의 노예로 옮겨가는 것입니다. 너무나 안타깝고 서글픈 일입니다.

저는 D씨가 당분간은 그저 삶의 공백을 즐기셨으면 좋겠습니다. 압니다. 그것은 '즐김'이 아니라 '감내'라는 단어가 더 잘 어울릴 만한 것이라는 사실을. 하루아침에 백수가 된 신세가 처량하게 느껴지기도 하고, 늘 집에 있는 남편, 아버지를 불편해하는 가족들의 눈치가 보일 수도 있을 겁니다. 다들 그런 상태를 견디지 못해 익숙한 불행이 도사리고 있는 또 다른 직장으로 옮겨가는 거죠. 더구나 D씨는 대기업에서 직장생활을 하셨으니 협력업체나 작은 회사로 옮기는 것은 어렵지 않을 겁니다. 하지만 저는 D씨가 그런 선택을 하지 않았으면 좋겠습니다.

혹여 가족들의 눈치가 보인다면 스스로를 오해하고 있는 것입니다. 생각해보세요. 자그마치 17년 동안 가장의 역할을 충실히 해오셨습니다. 그 정도면 책임감 있는 가장으로서의 역할은 충분히 하신 겁니다. 이제 아이들도 다 컸으니, 자신들의 삶은 스스로 살아내야 합니다. 그토록 긴 시간 헌신하며 살아오셨으니 이제 자신의 삶을 한번쯤은 살아보아도 되지 않을까요?

2. 조금 더 구체적인 이야기를 해보지요. 퇴직금에다 위로금까지 합쳐서 적잖은 금액을 받게 되실 겁니다. 그 돈의 일부는 가족들을 위해 남겨두시고, 남은 돈으로 이제껏 하고 싶었던 일을 마음껏 해보셨으면 좋겠습니다. 바둑을 좋아하신다면 바둑을 한번 실컷 둬보고, 등산을 좋아했다면 등산을 마음껏 해보세요. 직장을 그만두면 꼭 해보고 싶었던 일을 마음껏 해보세요. 이제껏 미래에 대한 걱정, 내일에 대한 준비로 살아오셨으니 이제라도 현재 그리고 오늘을 행복하게 만들어주는 많은 일을 할 수 있었으면 좋겠습니다.

이쯤 되면 의구심이 들지도 모르겠습니다. '그렇게 놀기만 하면 어쩌나? 그래도 일을 해야 하는 거 아닌가?'

맞습니다. 일은 해야지요. 하지만 새로운 일을 시작하기 전에 먼저 '일'이 무엇인지 재정의할 필요가 있습니다. 대체로 우리는 돈이 되는 일만을 일이라고 생각하는데, 이것이 바로 우리를 불행에 빠뜨리는 어리석은 생각입니다. 돈을 벌지 못하게 되면 불안해지는 이유는 사실 생계를 위협받기 때문이라기보다는 자신이 생산적인 일을 하지 못하는 사람이라는 자괴감에 기인하는 경우가 더 큽니다. 이런 자괴감으로부터 벗어나기 위해 성급하게 창업을 하거나 지긋지긋한 직장으로 다시 들어가는 것입니다. 물론 두 가지 경우 모두 결과는 그다지 좋지 못합니다. 그래서 퇴직자들은 특히 '돈을 벌지 못해도 소중하고 의미있는 일은 얼마든지 있다'는 사실을 깨달아야 합니다.

베란다나 옥상에 작은 텃밭을 일구고 상추를 기르는 것도 소중한 일이고,

고3 아들을 위해 매일 아침 학교까지 차를 태워주는 것도 일입니다. 그뿐인가요? 그동안 회사일 때문에 하지 못했던 설거지나 청소 같은 집안일 역시 너무나 소중하고 중요한 일입니다. 이런 일이 마음에 들지 않는다면 자신이 살면서 잘하게 된 것을 주위 사람들과 나누는 것 역시 일입니다. 그렇게 삶을 살아내시다가 자연스럽게 자신이 좋아하는 일로 밥벌이를 할 수 있었으면 좋겠습니다. 실제로 제가 아는 어느 중년의 퇴직자는 이웃들에게 한자를 가르쳐주다가 그것으로 나름 돈을 벌게 되었습니다.

이처럼 우리 주위에는 많은 일이 있습니다. 우리가 그것을 보지 못했던 이유는 당장 많은 돈이 되는 일만 진짜 일이라고 여기고 우리 주위 소중한 많은 일들을 폄하하고 부정했기 때문일 겁니다.

기회는 내가 만드는 것이기도 하지만 또 한편으로 어떤 기회는 불행이라는 이름으로 강요되기도 합니다. 정리해고라는 강요된 불행은 한편으로는 기회이기도 합니다. 어떤 식으로든 다른 삶을 살 수밖에 없게 만들 테니까요. 그리고 강요된 불행을 기회로 만들기 위해서는 불안해하지 말고 조바심도 내지 않는, 스스로에게 너그러워질 수 있는 마음이 필요합니다.

정리해고는 불행의 시작이 아니라 새로운 삶을 시작할 수 있는 기회입니다. 그런 의미에서 저는 D씨에게 어설픈 위로보다는 새로운 삶을 시작할 수 있는 기회를 받으신 것에 대해 진심으로 축하를 드리고 싶습니다.

Q 직장 무기력증, 어찌해야 하나요?

금융업계에 종사하고 있는 7년 차 직장인이에요. 제 고민은 이제 일을 하면서 아무런 감정이 안 든다는 거예요. 신입사원 때는 일 배우느라 정신이 없었고, 5년 차까지는 성과를 내는 재미로 일을 열심히 했는데 지금은 그냥 습관처럼, 기계처럼 일을 하는 기분이 듭니다. 주위 사람들이 '직장 무기력증'이라고 하던데 정말 그런 것 같아요. 직장에만 오면 무기력해지고 급격하게 우울해집니다. 심지어 삶에 의미가 없다고 느껴지는 경우도 종종 있어요. 그래서인지 살도 많이 쪄서 1년 사이에 거의 몸무게가 거의 10킬로그램이 늘었어요. 제가 비정상인가요?

A 정서적으로 건강하기 때문에 겪는 정상적인 고통입니다

1. 정상입니다. 아니 오히려 아주 건강한 분인 것 같습니다. 3~4년 차까지는 생소한 환경에 적응하랴, 주어진 업무 배우랴 시간이 후딱 지나가버리지요. 그러다 시간이 지나면서 무엇인가 이상하다는 것을 알게 됩니다. 딱히 '이렇게 살아야겠다'는 다짐을 한 것은 아니지만 적어도 '지금의 삶이 내가 원했던 삶은 아닌 것 같다'라는 막연한 불편함을 갖게 되는 거지요.

주위를 둘러보면 다들 아무렇지도 않게 직장생활을 잘하는 것처럼 보이지만 사실은 다들 아무 문제없는 척하는 것일 뿐, 마음속 한켠에는 '내가 원했던 삶은 이게 아닌데'라는 찜찜함, 불편함을 애써 눌러놓고 있습니다. 찜찜함과 불편함이 불시에 튀어 나오게 되면 지금의 안정적인 삶이 위험에 빠질 수도 있다는 사실을 직감적으로 알고 있기 때문이지요.

반면에 소수이기는 하지만 직장생활의 민낯을 알게 된 이후에 느끼는 찜찜함과 불편함을 견디지 못하는 사람도 있습니다.

대체로 그들은 셋 중 하나입니다. '정직한 사람'이거나 '감성적으로 섬세한 사람'이거나 혹은 '자신을 아주 사랑하는 사람'인 경우지요. 누구보다 정직한 사람이 비열하고 치졸한 권모술수가 난무하는 직장에서 어찌 견딜 수 있을까요? 누구보다 감성적으로 섬세한 사람이 이해관계를 위해 겹겹의 가면을 쓰고 거짓 칭찬과 마음에도 없는 아부를 해야 하는 직장을 어찌 견딜 수 있을까요? 자신을 정말 사랑하는 사람이 자신이 원하는 일이 아니

라 상사, 사장이 원하는 일만 해야 하는 직장을 어찌 견딜 수 있을까요?

이런 사람들은 어느 정도 직장생활을 하고 나면 직장 우울증, 직장 사춘기, 직장 무기력증 등등 그 이름을 무엇으로 붙이건 간에 한동안 혼란스러움을 겪을 수밖에 없습니다. 그리고 이런 혼란을 느끼는 사람이 정상이고 건강한 겁니다. 혼란스러움은 말하자면 일종의 정신적 통증입니다. 통증은 신체에 이상이 생겼을 때 몸이 우리에게 보내는 절박한 신호입니다. 생각해보세요. 칼에 찔렀는데도 전혀 통증을 느끼지 못하는 사람은 어찌 될까요? 행복할까요? 아닙니다. 그는 행복은 고사하고 기본적이고 정상적인 삶조차 영위하기도 힘들겠지요.

육체적 통증은 분명 아프고 괴롭습니다. 하지만, 통증을 느끼지 않는 사람이 건강한 것은 아닙니다. 정서적 통증 역시 마찬가지입니다. 전혀 혼란스러움을 느끼지 않고 직장생활을 하는 사람이 있다면, 그는 일종의 정서적 무통증 환자인 셈입니다. 정서적 무통증을 흔히 '소시오 패스'라고 부르기도 하지요. 이런 정서적 무통증은 대체로 삶의 혼란스러움, 불편함을 너무 오랫 동안 눌러놓았던 결과입니다.

직장 무기력증 때문에 힘들어하고 있다면, 정말 다행이라고 생각하셔야 합니다. 적어도 정서적 무통증 환자는 아니니까요. 육체적 무통증 환자는 어디서 다쳤는지도 모른 채 과다출혈로 황망한 죽음을 맞이하는 경우가 적지 않습니다. 마찬가지로 정서적 무통증 환자 역시 자신이 어떤 인생을 살고 싶었는지도 모른 채 이리저리 휩쓸려 살다가 황망한 최후를 맞이하게 될 가능성이 큽니다. 하지만 고민 주신 분은 적어도 그런 최악의 결과는 피할 수 있을 것입니다. 정서적 통증 덕분에 자신의 삶을 진지하게 되돌아보게 될 테니까요.

2. 다시 한 번 말씀드리지만 지금 겪고 있는 직장 무기력증은 본인이 정상이고 아주 건강하기 때문에 겪는 정서적 통증입니다. 하지만 그렇다고 모든 문제가 해결되는 것은 아니지요. 매일 출근해야 하는 직장의 현실은 여전히 그대로일 테니까요. 그렇다면 구체적으로 어떤 실천적 변화가 필요할까요?

우선, 왜 체중이 늘었는지 그 원인을 찾는 것부터 시작해야 할 것 같습니다. 우리는 언제 음식을 먹을까요? 보통은 배가 고플 때 먹게 되지요. 하지만 항상 그런 것만은 아닙니다. 제 친구 중에 연인과 이별을 한 후에는 어김없이 족발과 치킨, 순대, 떡볶이까지 엄청난 폭식을 하는 친구가 있습니다. 또 어떤 친구는 평소 음식을 잘 먹지 않다가 면접에서 떨어져 취업이 안 되었을 때면 야식을 엄청 시켜 먹곤 했습니다. 즉 배가 고픈 것과는 상관없이 때로는 스트레스를 해소하기 위해 폭식을 하기도 합니다.
왜 스트레스를 받을 때 음식을 먹게 될까요? 그 비밀은 충만감에 있습니다. 인간은 결여감이 생기면 본능적으로 그것을 채우려는 경향성을 갖고 있습니다. 충분한 사랑을 베풀어주던 연인과 헤어지면 정서적 결여감을 느끼게 됩니다. 그리고 정서적 결여를 채우기 위해 위를 채우는 것입니다.

스트레스는 어떤 식으로든 결여의 감정을 유발합니다. 그리고 무의식적으로 그 결여의 느낌을 채우기 위해서 과식이나 폭식을 하고, 살이 찌게 되는 것이지요. 그러니까 평소 유지하던 체중에 급격한 변화가 있다면 그것은 과도한 스트레스로 인해 어떤 결여감이 발생했기 때문일 겁니다.

그것은 분명 직장이라는 공간이 주는 스트레스일 것입니다. 직장이 주는 스트레스의 핵심은 '자신이 원하는 일을 할 수 없다'는 것입니다. 일을 배울 때, 그리고 성과를 한참 낼 때는 느끼지 못했지만 지금 느끼고 있는 무기력증의 정체는 '결국 직장에서는 내가 원하는 일을 할 수 없다'는 진실과의 직면이었을 겁니다. 인간은 누구나 자기가 좋아하는 일을 자기가 원하는 방식으로 하고 싶어 합니다. 하지만 직장은 그런 것을 용납하지 않지요. 그 간극 때문에 직장 무기력증이라는 스트레스를 받고 있는 것으로 보입니다.

3. 이제 직장 무기력증을 해결할 방법이 보일 것도 같습니다. 직장 무기력증의 근본적인 원인은 결국 직장에서는 자신이 원하는 일을 할 수 없다는 좌절감에 있습니다. 그러니 가장 좋은 방법은 직장을 그만두고 좋아하는 일을 하며 사는 겁니다. 그럴 수 있다면 더 이상 직장 무기력증에 시달릴 일은 없겠지요. 사실 이것은 너무 당연한 말입니다. 말 그대로 '직장' 무기력증이니 직장을 떠나면 그 무기력증 역시 말끔하게 사라져버릴 테니까요.

하지만 대부분의 직장인들이 그렇듯 고민 주신 분 역시 당장 직장을 그만둘 여건이 되지 않을 수도 있겠지요. 인생을 살면서 언제나 최선만 선택할 수는 없습니다. 각자의 상황에 맞춰 최선책 대신 차선책을 선택해야 할 때가 있게 마련입니다. 그렇다면 차선책은 무엇일까요? 그것은 일을 줄이고 좋아하는 일을 최대한 많이 하는 겁니다. 만약 좋아하는 일이 없다면 당장 끌리는 일을 가볍게 즐기면서 좋아하는 일을 찾으면 됩니다. 그것이 지금 직장 우울증을 해결할 수 있는 현실적이고 현명한 차선책입니다.

예를 들어보지요. 만약 그림 그리는 것이 너무 좋다면 조금 일찍 퇴근해서 그림에 흠뻑 빠져 지내는 시간을 늘리세요. 소설책을 읽는 것이 좋다면 연차를 내고 근처 도서관에 가서 좋아하는 소설에 빠져드세요. 사랑하는 사람이 있다면 일찍 퇴근해서 연인과 영화도 보고 맛있는 식사를 드세요. 생각만 해도 두근거리고 설레는 즐거운 일이 있다면 주저 없이 그것들과 함께하는 시간을 늘려 나가세요. 그렇게 좋아하는 일을 하다보면 직장 역시 지금보다는 훨씬 견딜 만해질 겁니다. 직장의 일이 행복해질 때는 내가 좋아하는 일을 하기 위한 수단이 될 때뿐입니다.

절대 하지 말아야 할 행동은 직장 무기력증을 해소하기 위해 직장의 일에 더 몰입하고 더 열심히 하는 것입니다. 그것은 마치 뭐랄까, 당장 목이 마르다고 바닷물을 들이키는 것과 같습니다. 우리가 직장에서 겪고 있는 정서적 갈증을 해갈해주는 물은 '좋아하는 일'이라는 담수이지, 눈만 돌리면 어디에나 널려 있는 '직장의 일' 즉, 짠 바닷물이 아니라는 사실을 결코 잊으시면 안 됩니다.

Q 좋아하는 일을 찾았지만 잘할 수 있을지 모르겠어요

작가님의 강연을 들은 직장인입니다. 작가님이 강연 내내 '좋아하는 일을 찾아야한다. 그리고 그것으로 밥벌이를 하는 것이 바로 행복한 밥벌이다'라고 말씀하신것이 잊혀지지 않았습니다. 그래서 직장을 다니는 짬짬이 시간을 쪼개 이것저것관심 있는 일들을 찾아보다가 제가 정말 좋아하는 일을 찾은 것 같습니다. 그런데 그 일을 정말 잘할 수 있을지 모르겠습니다. 조금 더 구체적으로 말씀드리면,저는 글쓰는 것이 좋은데, 괜히 재능도 없으면서 덜컥 시작했다가 후회만 하게되는 것은 아닌지 걱정이 앞섭니다.

A 좋아하는 일이 곧 잘하는 일이라는 착각을 버리세요

1. 좋아하는 일, 하지 마세요. 재능이 없을까 봐 좋아하는 일을 시작도 하지 못하고 있다면, 그건 진짜 좋아하는 일이 아닐 가능성이 높습니다. 진짜 좋아하는 일은 그 일을 하면서 돈을 벌 수 있는 일이 아니라 돈을 벌어서라도 하고 싶은 일입니다.

글쓰는 것이 좋아하는 일이라니 제 이야기를 해드리는 것이 도움이될 것 같네요. 솔직하게 말해서 저는 글쓰기에 재능이 없습니다. 그래서 정말 재능 있는 사람들의 글을 보면서 수도 없이 좌절했습니다. 직장을 그만두고 제가 좋아하는 일, 즉 글쓰기를 하며 살아야겠다고 생각했을 때도 그것을 잘할 수 있겠다는 생각을 한 적은 거의 없었습니다. 글쓰기로 돈을 벌 수 있을 거란 기대 역시 거의 하지 않았습니다. 퇴직금 까먹으면서 글을 쓰고, 그래도 안 되면 아르바이트라도 하면서 글을 써야겠다는 생각으로 전업 작가의 길로 들어선 것입니다.

만약 제가 좋아하는 일 앞에서 '이 일에 재능이 있는 걸까?' '이걸로 돈을 벌 수 있을까?'라고 생각했다면 저는 안정적인 직장을 그만두지 못했을 것이고, 글쓰기를 업으로 삼는 일은 더더욱 없었을 것입니다. 그럼에도 저는 글쓰기가 너무나 하고 싶었습니다. 심지어 다른 일을 해서라도 이 일을 하고 싶었습니다.

정말 좋아하는 일이 있다면 그냥 하세요. 하지만 '그 일을 하면서 돈을 벌 수 있을까?' 혹은 '그 일을 잘할 수 있을까?' 고민하고 있다면 하지 마세요. 사실은 본인이 좋아하지 않는 일일 가능성도 높고, 그 일을 하는 과정에서 일어나는 수많은 고난과 좌절 앞에서 자신의 선택을 후회하게 될 가능성도 크니까요.

2. 좋아하는 일과 잘하는 일, 그러니까 '욕망'과 '재능'이 일치하면 그보다 더 큰 행운은 없을 겁니다. 좋아하는 일을 잘하게 되면 유명해질 수도 있고, 밥벌이도 너끈히 할 수 있을 테니까요. 하지만 욕망과 재능이 일치하는 경우는 흔치 않습니다.

재능과 욕망이 일치하지 않는다면, 어떤 선택을 해야 할까요? 어떤 이는 '좋아하는 일만 하면서 살 수는 없다'며 '잘할 수 있는 일'을 하면서 사는 것이 현명하다고 말합니다. '그래야 밥벌이 걱정하지 않고 살 수 있다'고 친절하게 덧붙입니다. 하지만 제 생각은 조금 다릅니다. 정말 좋아하는 일을 찾았다면 재능이 없다 해도 그 일을 하는 것이 현명한 선택입니다.

잘하는 일을 하면 분명히 조금 더 빨리 유명해지고 조금 더 빨리 부유해질 수 있겠지요. 하지만 그 일이 전혀 좋아하지 않는 일이라면 그 삶은 결코 행복하지 않습니다. 언제나 마음 한 구석이 헛헛할 겁니다. 혹자는 '어떤 일을 잘하게 되면 그 일을 좋아하게 되는 것 아니냐'고 반문합니다. 단언컨대, 아닙니다. 어떤 일을 잘하게 될 때 그 일이 좋다고 느껴지는 것은 사람들의 인정과 칭찬 탓입니다.

직장의 일을 잘 생각해보세요. 직장의 일이 정말 좋은가요? 아닐 겁니다. 하지만 가끔 그 지긋지긋한 일이 좋아질 때가 있습니다. 언제인지 기억나세요? 바로 동료와 상사에게 인정받고 칭찬을 들을 때입니다. 즉 '잘하는 일'이 곧 '좋아하는 일'이 되는 것이 아니라 인정받고 칭찬받는 그 느낌을 좋아하게 되는 것일 뿐입니다. 이 지점에서 정직해질 수 있다면 '어떤 일을 잘하게 되면 좋아하게 된다'는 것이 얼마나 허황된 이야기인지 알게 될 겁니다.

욕망과 재능 앞에서 갈등하고 있다면 욕망을 따라가세요. 재능 없이 좋아하기만 하는 일을 시작하면 당분간은 경제적인 부침이나 많은 고난과 좌절이 있을 수 있습니다. 하지만 걱정할 필요 없습니다. 정말 좋아하는 일을 하게 되면 능히 그 부침과 고난, 좌절을 견딜 수 있을 겁니다. 아무리 게으른 사람이라도 진정 사랑하는 사람이 생기면 그에게 맛있는 것을 사주기 위해 누구보다 부지런해지는 것처럼 말입니다.

3. 좋아하는 일에는 '매일의 힘'이 있습니다. 좋아하는 일은 누가 시키지 않아도, 피곤해도 매일 하게 되어 있습니다. 그리고 그 '매일의 힘'은 생각보다 큽니다. 설사 재능이 없는 일이라 하더라도 그것을 매일 하면 필연적으로 발전하고 더 잘하게 되어 있습니다. 멀리 갈 것 없이 제 이야기를 해보지요. 저는 고등학교는 이과, 대학은 공대, 직장에서는 엔지니어로 일했습니다. 글쓰기를 해본 적도 없고, 글쓰기로는 흔한 상장 하나 받은 적이 없을 정도로 재능이 없었습니다. 하지만 저는 글쓰기가 그저 좋았기 때문에 매일 했습니다.

그렇게 매일 좋아하는 일을 하다 보니 조금씩 잘하게 되었습니다. 물론 저는 여전히 진짜 재능 있는 사람들만큼 글을 잘 쓰지 못하고, 앞으로도 그들보다 글을 잘 쓰지 못할지도 모릅니다. 하지만 상관없습니다. 제가 글을 쓰는 이유는 남들보다 더 잘하기 위해서가 아니라 그냥 그것이 좋기 때문이니까요. 남들보다 좀 못하면 어떤가요? 좋아하는 일을 하며 살 수 있다면 그것으로 이미 충분히 행복한 삶 아닌가요?

물론 생계 문제는 여전히 남습니다. 앞에서도 좋아하는 일은 돈을 벌기 위해 하는 일이 아니라 돈을 벌어서라도 하고 싶은 일이라고 말했지요? 맞습니다. 좋아하는 일은 돈을 벌기 위해서 하는 일이 아니라 돈을 벌어서 하고 싶은 일입니다. 하지만 여기서 묘한 역설이 발생합니다. 돈을 벌어서라도 하고 싶은 일을 하게 되면 머지않은 미래에 그 일로 돈까지 벌게 됩니다. 설사 그 일에 크게 재능이 없더라도 말입니다. 이 행복한 역설이 바로 우리의 희망입니다.

저는 좋아하는 일을 하다 보니 운이 좋아서 몇 권의 책을 내게 되었습니다. 재능 있는 작가들처럼 유려하게 글을 잘 쓰는 것은 아니지만 나름 저만의 색깔을 갖게 되었습니다.

다른 모든 일도 마찬가지인 것 같습니다. 좋아하는 일을 매일 하다 보면 자신만의 색깔을 갖게 됩니다. 바로 그 색깔이 좋아하는 일을 하며 생계를 유지하게 해줄지도 모릅니다. '성공하기 위해서는 반드시 좋아하는 일을 해야 한다'고 역설하는 사람들은 이 사실을 정확히 알고 있는 것이지요. 성공하기 위해서는 어떤 일을 오래 할 수 있어야 하고, 오래 할 수 있는 일은 결국 좋아하는 일이라는, 너무나 당연한 사실을 삶으로 체득한 것이지요.

질문하신 분이 좋아하는 일이 운동선수가 되는 것도 아니고, 뜬금없이 우주여행을 하고 싶다는 것도 아니고 지금 직장을 다니면서도 충분히 할 수 있는 글쓰기 아닌가요? 그럼 그냥 좋아하는 일을 하면 됩니다. 일단 좋아하는 일을 시작하고 그 일을 더 많이 하고 싶다는 생각이 들 때 직장을 그만두면 됩니다. 고민하지 말고 그냥 욕망을 따라서 가세요.
진짜 행복한 삶은 명성이나 부유함에 있는 것이 아니라 자신이 좋아하는 일을 하면서 하루를 온전히 채울 수 있는 삶입니다. 그런 의미에서 진짜 행복과 충만함을 바라신다면 재능 대신 욕망을 따라가세요. 혹시 또 아나요? 좋아하는 일을 매일 즐기다 보면 그 끝에 그토록 바랐던 명성과 부유함이 있을지 말입니다.

제 4 장

돈/소비 고민 타파!

 돈 없이는 행복한 밥벌이도 없는 것 아닌가요?

행복한 밥벌이를 위해서는 직장을 그만두어야 한다고 말씀하셨는데, 직장을 그만두면 당장 먹고살 돈이 없는데 어떻게 행복한 밥벌이를 할 수 있죠? 먹고살 돈이 없다면 아무리 좋아하는 일을 한다고 해도 전혀 행복해질 수 없는 것 아닌가요? 세상이 그리 호락호락한 게 아니잖아요?

A '돈'에 너무 큰 가치 부여를 하지 마세요

제 이야기를 오해하신 것 같네요. 오해를 풀기 위해서는 우선 제가 생각하는 '행복한 밥벌이'의 정의를 말씀드리는 것이 순서일 것 같습니다. 제가 생각하는 행복한 밥벌이는 '자신이 좋아하는 일'을 하면서 '생계에 필요한 경제적 여건'을 마련하는 것, 이 두 가지 조건을 모두 만족시키는 것입니다. 제가 행복한 밥벌이를 위해서는 직장을 그만둬야 한다고 한 것은 '직장생활'이 '좋아하는 일'이라는 조건에 맞지 않기 때문입니다. 아주 소수의 몇몇 직장을 제외하고는 직장에서의 행복한 밥벌이는 애초에 가능하지 않으니까요.

질문 주신 분은 '직장을 그만두면 생계에 필요한 경제적 여건을 만족시키지 못하게 되는 것 아니냐?'라는 의문을 제기하셨습니다. 옳습니다. 최소한의 생계마저 위협받는다면 그것 역시 결코 행복한 밥벌이가 될 수는 없으니까요. 이 때문에 저는 단 한 번도 아무런 준비 없이 마치 배수의 진을 치듯 무작정 직장을 그만두어야 한다고 말한 적이 없습니다. 세상이 그리 호락호락하지 않다는 것을 누구보다 잘 알고 있으니까요.

열심히 직장을 다니던 어느 날이었습니다. 우연히 좁은 유리 상자에 갇힌 처량한 새끼 강아지를 보게 되었습니다. 마음이 아프고 안타까웠습니다. 순간적으로 '이 강아지를 사서 야산에다 자유롭게 풀어줄까?'라는 생각이 들었습니다. 하지만 저는 그렇게 하지 않았습니다. 오랫동안 유리 상자에 갇혀 지내느라 육체적으로 유약해지고 정신적으로도 야성을 잃어버린 그 강아지가 야산에서 잘 살아낼 것 같지 않았기 때문이었습니다.

그때 문득 서글프게도 유리 상자에 갇힌 강아지가 제 처지와 똑같다는 생각이 들었습니다. 저 역시 직장을 그만두고 싶었지만 월급이라는 먹이 때문에 정신적인 야성을 잃고 거친 세상에서 당당하게 살아갈 수 없을 것 같다는 자괴감에 시달리고 있었기 때문이었지요. 어쩌면 그 강아지에 대한 연민은 일종의 자기 연민이었을지도 모르겠습니다.

행복한 밥벌이를 위한 대전제는 분명 '퇴사'지만 앞뒤 잴 것 없는 배수진이 되어서는 안 됩니다. 유리 상자에 갇힌 강아지가 들판에서 자유롭게 살아가기 위해서는 홀로 사냥할 수 있는 체력과 풍찬노숙을 견딜 수 있는 야성을 복원해야 합니다. 그런 준비나 훈련 없이 야생으로 나간다면 굶어죽거나 아니면 자발적으로 다시 유리 상자로 들어가게 될 테니까요.

행복한 밥벌이를 위한 퇴사 역시 마찬가지입니다. 직장을 떠나서도 생계를 유지할 수 있는 '경제적인 토대'와 '좋아하는 일'이라는 두 마리 토끼를 잡기 위해서는 직장이라는 울타리 안에 있는 동안 체력을 기르고 정신적 야성을 회복시켜야 합니다. 그런 준비와 훈련이 어느 정도 끝난 사람만이 야생의 거친 사회 속에서 자유를 만끽하며 행복한 밥벌이를 할 수 있을 것입니다.

지금 질문 주신 분은 '돈'이라는 가치에 과도하게 편향되어서 안정적인 직장을 다녀야만 돈을 벌 수 있고, 직장을 떠나서는 돈을 벌 수 없다는 믿음에 빠져있는 것 같습니다. 지금 질문 주신 분에게 가장 필요한 것은 굳이 직장이 아니라도 얼마든지 기본적인 생계를 유지할 수 있는 방법이 있다는 사실을 깨닫는 것입니다. 그리고 조금 더 바라자면, 직장을 떠나 하고 싶은 일을 하면서 밥벌이를 할 수 있는 준비와 훈련이 무엇인지에 집중하는 것이 좋을 것 같습니다. 돈만 보지 마시고요.

마음의 준비가 되었을 때 다시 한 번 연락을 주시면, 그때는 행복한 밥벌이를 위해 어떤 준비와 훈련을 해야 하는지 이야기를 나눌 수 있을 겁니다. 그렇게 존재하지 않을 것 같은 행복한 밥벌이를 향해 차근차근 한 걸음씩 다가설 수 있기를 바랍니다.

Q 창업을 하려니 돈이 없습니다. 어찌해야 하나요?

작가님 책을 읽고, 강연을 들으면서 더 이상 직장을 다녀서는 안 되겠다고 생각한 서른두 살 직장인입니다. 지금은 창업을 준비 중입니다. 그런데 이런저런 계획을 세우다보니 예상보다 돈이 너무 많이 필요하네요. 이 때문에 창업 자금을 마련하기 위해 다시 직장을 다녀야 하는 상황에 봉착했습니다. 창업을 하고 싶은데 돈이 없을 때는 어찌해야 하나요?

A 직장을 떠나기 위한 창업이 되면 안 됩니다

1. 돈이 많으면 창업을 할 수 있다고 말씀하시니, 제가 돈을 빌려드리고 싶은 심정이네요.

직장에서는 행복한 밥벌이를 할 수 없다고 말씀드렸죠? 그런데 더 심각한 문제는 창업을 해도 행복한 밥벌이를 할 수 없을지 모른다는 사실입니다. 질문을 읽으면서 걱정스러웠던 것은 창업을 하고 싶다는 이야기만 있지 어떤 종류의 창업을 하고 싶은 것인지 내용이 빠져 있다는 겁니다. 혹시 지금 직장생활이 힘들고 답답하고, 딱히 비전도 보이지 않으니 '창업이나 해보자'라는 심정은 아닌지 모르겠습니다.

창업에 대한 전문가는 아니지만 성공적으로 창업을 하려면 어찌해야 하는지 몇 가지는 분명히 알고 있습니다. 우선 창업을 할 때는 자신이 진심으로 좋아하는 일을 해야 한다는 겁니다. 그것이 여의치 않다면 최소한 평소에 깊은 관심을 갖고 있는 분야의 창업을 해야 합니다. 지금의 못마땅한 직장을 떠나기 위한 수단으로 혹은 무작정 돈을 벌겠다는 마음으로 시작하는 창업은 그 끝이 그다지 좋지 못합니다. 당연하지 않나요? 컴퓨터에 아무 관심도 없는 사람과 컴퓨터를 좋아하고 깊은 관심이 있는 사람이 나란히 컴퓨터와 관련된 창업을 했을 때 누가 더 성공 확률이 높을까요?

창업(創業)이란 말 그대로 업(業)을 새롭게 만드는 것 아닌가요? 그러니 결코 쉬운 일이 아닙니다. 이제 30대 초반이니, 어떤 분야의 창업을 하건 쉽지는 않을 것입니다. 자본과 인맥, 경험 등 어느 하나 충분한 것이 없으니까요. 아마도 몇 번의 좌절, 실패 혹은 수많은 시행착오를 겪게 되겠죠. 직장 다닐 때는 신경도 쓰지 않았던 사무실 청소나 전표 처리, 사업계획, 마케팅까지 모두 직접 해야 하는 것이 창업입니다. 그런 힘든 시기를 견디고 버텨낸 사람만이 성공할 수 있습니다.

공교롭게도 제 주위에는 어린 나이에 창업을 시작한 사람이 많았습니다. 하지만 대부분은 "창업은 아무나 하는 게 아니야"라며 다시 안정적인 직장으로 돌아갔습니다. 그들은 무엇을 놓친 것일까요?
그들은 어떤 일이 너무 하고 싶어서 창업을 한 것이 아니라 그냥 사장이 되고 싶었던 것입니다.
힘든 창업 과정을 버텨낼 수 있는 사람은 자신이 창업을 한 이유를 명확히 알고 있는 사람입니다. '나는 프로그래밍이 너무 좋아. 내가 좋아하는 프로그램을 내 손으로 만들고 싶어.' 이런 열망으로 창업을 한 사람은 어떤 좌절과 시행착오도 의연히 감당할 수 있습니다. 하지만 그저 직장을 다니기 싫어서, '사장'이 되고 싶어서 창업하는 사람은 힘든 시간을 버텨내기가 쉽지 않습니다.

2. 정말 진지하게 창업을 준비하고 있다면 창업 자금보다 먼저 '나는 왜 창업을 하려고 하는가?'라는 질문에 집중해야 합니다. 그리고 '나는 이 일이 너무 하고 싶어. 이 일을 하기 위해서라면 돈은 좀 못 벌어도 상관없어!'라는 답이 나왔을 때에야 비로소 창업을 해도 괜찮을 것입니다. 그때가 되면 신기하게도 창업을 하는데 돈이 그다지 큰 문제가 되지 않는다는 사실을 알게 될 것입니다.

멀리 갈 것 없이 제 이야기를 해보지요. 제가 직장을 그만둘 즈음 창업을 하고 싶어 직장을 그만두고자 하는 동료가 있었습니다. 우리는 종종 직장을 그만두고 나서 무엇을 할 것인가에 대한 이야기를 나누곤 했습니다. 자신의 이름을 딴 음식점을 차리고 싶다던 그 친구는 늘 권리금이 얼마나 들어갈지, 인테리어 비용은 얼마나 들어갈지 계산을 했습니다. 그러고는 '돈이 없어서' 자신의 사업을 시작하지 못하겠다는 결론을 내리곤 했습니다.

저 역시 직장을 그만두고 새로운 일을 하고 싶었습니다. 글을 쓰고 강연을 하는 사람이 되고 싶었습니다. 그런 일을 창업이라 말할 수 있을지는 모르겠지만, 어쨌든 형태적으로는 자영업이니 나름 창업이라면 창업인 셈입니다. 제가 이런 이야기를 할 때마다 그 친구는 '그럴듯한 사무실'에다 '좋은 컴퓨터'

한 대 정도는 새로 장만해야 한다고 말했습니다. 저 역시 작은 집필실과 글을 쓸 수 있는 새 컴퓨터를 갖고 싶었습니다. 하지만 저는 지금까지 변변한 집필실도 없고 카페나 도서관을 전전하면서 5년이 다 되어가는 오래된 노트북을 그대로 쓰고 있습니다. 제가 원했던 것은 집필실이나 새 컴퓨터가 아니라 글을 쓰는 것이었기 때문에 그런 건 아무런 문제가 되지 않습니다.

직장을 그만두고 지금까지 많은 경제적인 문제들과 갖가지 시행착오들이 있었지만 저는 단 한 번도 제 선택을 후회하거나 포기하고 싶었던 적이 없습니다. 이유는 딱 하나, 제가 좋아하는 일을 하고 있기 때문입니다.

돈이 없어서 창업을 못한다는 것은 창업을 할 자신이 없는 사람이 대는 핑계이거나 처음부터 번듯하게 시작하고 싶다는 허영입니다. 가장 먼저 할 일은 돈을 마련하는 게 아니라 정말 좋아하는 일을 찾는 것입니다. 그 일을 제대로 찾게 되면 돈이 없어서 창업을 못한다는 이야기는 하지 않게 됩니다. 정말 좋아하는 일이라면 어떤 식으로든 시작할 수 있는 방법을 찾게 마련이니까요. 돈이 없다는 변명 대신 지금 상황에서 내가 좋아하는 일을 시작할 수 있는 방법을 찾고 있다면, 바로 그때가 창업을 해도 좋을 때입니다.

일단 좋아하는 일을 찾으세요. 그리고 그 일을 하는 수단으로서 창업을 생각해보세요. 저는 그것이 바로 성공적인 창업의 핵심이라고 감히 말씀드리고 싶습니다.

Q 직장을 다니면서 행복한 밥벌이를 할 수는 없나요?

의류업에 종사하고 있는 9년 차 직장인으로서, 직장생활에 나름 만족하는 편입니다. 얼마 전 작가님의 책을 우연히 읽게 되었는데, 직장인은 모두 다 노예라고 하면서 직장을 그만두라고 돼 있더군요. 처음에는 황당했고, 지금은 조금 혼란스럽습니다. 제 나름으로는 만족스러운 직장생활을 하고 있는데, 작가님 이야기를 듣고 있으니 제 삶이 불행한 것 같은 부정적인 생각이 듭니다. 어차피 돈은 벌어야 하는 것이니, 직장 일을 하면서 행복한 삶을 살 수는 없나요? 정말 직장 안에서는 행복한 밥벌이를 할 수 없는 건가요?

A 직장에서 느끼는 만족감과 행복감은 '가짜'라는 걸 잊지 마세요

네, 직장 안에서는 행복한 밥벌이를 할 수 없습니다. 나름 괜찮은 직장생활을 할 수는 있지만 근본적으로 행복한 밥벌이는 아닙니다. 물론 충분히 만족하신다면 그 자리에 머물러도 좋습니다. 개인의 선택이니 누가 뭐라 할 수는 없는 일이죠. 하지만 한 번뿐인 인생, 정말 후회 없는 삶을 살고 싶다면 직장을 그만두는 게 옳습니다. 이런 질문을 한번 드려볼게요. '만약 한 달 뒤에 죽는다'는 시한부 인생을 선고받더라도 지금의 직장을 다니실 건가요? 정말 진지하게 한번 생각해보세요. '그래도 나는 지금 직장을 계속 다니겠어!'라고 생각하신다면 지금 직장을 그냥 다니면 됩니다. 하지만 '그렇다면 당장 직장을 그만두고 싶다'는 생각이 든다면 이미 게임은 끝난 겁니다.

제 이야기에 왜 혼란스러움을 느끼셨을까요? 희미하게나마 이미 알고 있었던 겁니다. 직장에서 느끼는 만족감 혹은 행복감이 가짜라는 것을 말입니다. 직장에 만족한다는 직장인들을 많이 만나보았습니다만, 그들은 대체로 직장에서 느끼는 불행이나 불만을 은폐하고 왜곡하는 사람들이었습니다. 직장에서의 불행이나 불만에 정직하게 직면한다면 지금의 안정적인 직장생활이 송두리째 흔들릴 수 있음을 직감하기 때문이지요. 이처럼 진짜 행복을 두려워하는 사람들은 언제나 직장에 대해서 '나름' 만족한다고 말하곤 합니다. '전적으로' 만족하는 삶은 어디에도 존재하지 않는다고 스스로를 위로하면서 말이지요.

그럼에도 불구하고 두려움과 아픔, 괴로움에 직면해야 합니다. 하고 싶지 않은 일을 해야 하고, 꼴도 보기 싫은 사람에게 웃으며 인사를 해야 하고, 어제까지 웃으며 지냈던 동료와 먹고 먹히는 경쟁을 해야 하는 직장의 민낯을 있는 그대로 인정해야 합니다.

단언컨대 직장에서는 행복한 밥벌이가 결코 가능하지 않습니다. 설사 진짜로 행복한 직장이 있다 하더라도, 지금 고민 주신 분의 직장이 그런 곳은 아닐 겁니다. 행복한 밥벌이가 가능한 직장에 다니는 사람이라면 제 이야기에 당황하거나 혼란스러워하는 것이 아니라 '편협한 견해'라고 간단히 치부해버리고 말 테니까요.

'직장에서 행복한 밥벌이가 가능한가?'를 고민하지 마세요. 의미 없는 고민입니다. 그런 고민을 한다는 것 자체가 이미 직장에서 무엇인가 불행을 느끼고 있다는 증거일 뿐입니다. 차라리 '나는 내일 죽어도 오늘 출근을 할 것인가?'를 집요하게 고민하세요. 죽음은 잔혹한 것입니다. 죽음 자체가 잔혹한 것이 아니라 사람들이 겹겹이 쓰고 있는 허영과 기만의 가면을 일거에 벗겨내 버리기 때문에 잔혹한 것입니다.

직장에 만족한다는 것은 지금의 안정적인 삶을 유지하기 위한 일종의 가면입니다. 그리고 '죽음'이라는 놈은 그 가면을 가차없이 벗겨버립니다. 죽음의 잔혹성은 우리가 은폐하고 외면하려고 했던 불편한 삶의 진실 앞으로 여지없이 데려다 앉힌다는 데 있습니다.

굳이 직장을 다니시겠다면 '나는 그저 돈을 벌기 위해 직장을 다니는 거야'라는 사실에 정직해져야 합니다. 그리고 나름 괜찮은 직장생활을 하고 싶다면 '그렇다면 왜 돈을 벌어야 하는가?'에 답할 수 있어야겠지요. '가족들과 행복한 추억을 만들기 위해 직장에서 돈을 번다.' '내가 좋아하는 일을 하기 위해 직장에서 돈을 번다'와 같은 현명한 답변을 할 수 있을 때라야만 나름 괜찮은 밥벌이를 할 수 있을 겁니다. 그렇지 않다면 언제나 정신없는 직장 속에서 왜 일을 하는지, 돈을 버는지도 모른 채 세월이 훌쩍 지나버릴 겁니다.

하지만 '괜찮은 밥벌이'가 아니라 '행복한 밥벌이'를 원한다면 방법을 달리해야 합니다. 직장에서의 깨알 같은 만족을 찾지 말고 한 달 뒤에 죽어도 후회 없을 삶을 이어가세요. 그것이 우리가 행복한 삶을 살 수 있는 유일한 방법입니다. 역설적이게도 한 달 뒤에 죽는다고 생각하는 사람만이 직장에서 행복한 밥벌이를 할 수 있을 겁니다.

Q 월급이란 마약을 어찌 끊을 수 있을까요?

직장을 그만두어야겠다고 마음먹은 지 3년이 넘었지만, 매달 '이번 달 월급만 받고 생각해보자' 하면서 지금까지 왔습니다. 이런 식으로 5년, 10년이 더 흘러갈 것 같아서 불안합니다. 직장에서 하는 일도, 만나는 사람도 제 삶에 큰 의미가 없다는 것을 알지만 '월급'이란 놈 때문에 직장을 그만둘 수가 없습니다. 월급이란 마약을 어찌 끊을 수 있을까요?

A 자신의 가치를 믿으세요

직장인에게 월급은 정말 마약과 같습니다. 저 역시 비슷한 상황이었던 적이 있습니다. 제가 다닌 회사는 6월과 12월에 적지 않은 금액의 성과급을 지급했습니다. 그 때문에 저 역시 '6월까지만 다니자'고 생각했다가 또 이내 '12월까지만 다니자'라고 생각하며 햇수로 7년 동안 직장에 머물렀습니다. 참 답답한 시간들이었지요.

답변 대신 제가 어떻게 월급이란 마약을 끊고 직장을 나설 수 있었는지에 대한 이야기로 대신할까 합니다. 선택은 각자의 몫이니 이래라저래라 하는 것보다 그 편이 더 나을 것 같네요.

1. '나는 왜 직장을 그만두지 못할까?'라는 질문을 진지하고 정직하

게 던졌을 때 돌아온 답은 '나의 가치를 믿지 못해서'였습니다. 겉으로는 늘 자신감 있는 척 행동했지만, 실은 아니었습니다. 당시의 저를 포함해서 대부분의 직장인들이 직장을 그만두지 못하는 이유는 '월급만큼 돈을 벌 수 없을 것이다' 하는 자기불신 때문입니다. 반면에 자신의 가치를 진정으로 믿는 유능한 선배들은 때가 되었을 때 담담하게 직장을 그만두는 것을 많이 목격했습니다.

저를 포함한 대부분의 직장인들은 의식적으로는 다들 '나는 능력 있는 사람이고, 가치 있는 사람이야!'라고 생각하고 또 그렇게 이야기합니다. 하지만 무의식적으로는 다 알고 있습니다. 직장을 떠나면 지금 받는 월급의 액수를 결코 받을 수 없는 사람이라는 것을.

자신이 얼마나 가치 있는 사람인지 깨닫기만 한다면 의외로 월급이라는 마약을 쉽게 끊을 수 있습니다. 중요한 것은 여기서 말하는 '가치'가 오직 금전적인 액수만을 의미하는 것은 아니라는 겁니다. 이 사실을 분명히 해야 합니다. 월급을 500만 원씩 받는 사람이 있다고 가정해보죠. 그가 직장을 그만두지 못하는 이유는 직장을 떠나면 매달 500만 원씩 벌 수 없다고 생각하기 때문일 겁니다. 자신이 직장 밖에서 1000만 원을 벌 수 있는 가치가 있는 사람이라고 진심으로 믿는 사람은 미련 없이 직장을 그만둘 겁니다. 냉정하게 말하자면 직장을 떠난 뒤 지금 받는 월급만큼 혹은 그보다 더 많은 돈을 벌게 될 가능성은 그다지 크지 않을 겁니다.

월급이라는 마약을 끊고 싶다면 '나는 한 달에 500만 원을 벌 수 있는 사람이야'와는 다른, 자신만의 소중한 가치를 재발견할 수 있어야 합니다. 예를 들자면, '나는 5월에 길가에 핀 이름 없는 꽃을 보고도 감동할 수 있는 사람이야' '나는 힘들어하는 사람을 보며 함께 아파할 수 있는 있는 사람이야' '나는 감동적인 소설을 읽어낼 수 있는 사람이야' '나는 철학 책에 빠져들 수 있는 사람이야' '나는 멋진 다큐멘터리를 누구보다 많이 알고 있는 사람이야'와 같은 자신만의 가치를 재발견할 수 있어야 합니다.

오직 금전적 액수로만 환산된다면, 우리의 가치는 얼마나 보잘것없는 것이 될까요? 또 그런 사회는 얼마나 천박한 사회가 될까요? 우리의 가치에는 돈을 벌 수 있는 능력뿐만이 아니라 그보다 훨씬 소중하고 의미 있는 것들이 많습니다. 그런 소중한 가치들을 재발견할 수 있을 때 우리는 월급에 목을 매며 싫은 직장에 머물지 않아도 될 것입니다.

2. 자신의 진정한 가치를 발견하고 믿게 되면 월급에 목을 매는 상황은 발생하지 않습니다. 돈에 매여 사는 사람은 믿지 못하겠지만 이것은 분명 옳은 이야기입니다. 하지만 옳은 이야기만으로 살아갈 수는 없지요. 매달 공과금, 보험금, 대출이자 같은 현실적인 삶의 조건들 속에서 살아가고 있으니까요. 그러니 이제 조금 현실적인 이야기를 해보지요.

자신의 진정한 가치를 알게 된다고 해도 돈을 벌고 또 그 돈을 쓰며 살아가야 하는 삶의 조건이 근본적으로 변하는 것은 아닙니다. 솔직히 말해서 감동적인 소설을 읽을 수 있는 가치, 꽃을 보고 감동할 수 있는 가치, 멋진 다큐멘터리를 찾을 수 있는 가치가 밥을 먹여주지는 않으니까요. 그렇다면 이제 눈을 돌려 '소비'의 영역을 점검해볼까요? 월급이라는 마약을 끊지 못하는 이유 중 하나는 불필요한 소비를 많이 하기 때문이기도 합니다. 기본적으로 자본주의는 누군가 끊임없이 소비하지 않으면 돌아가지 않는 체제입니다. 소비를 통제하지 못하면 월급이라는 마약을 끊기는 애초에 요원합니다.

자, 이제 본인의 소비를 한번 점검해보세요. 어디에 주로 돈을 쓰고 계신가요? 분명 생계에 필요한 부분 이외에 소비를 하는 곳이 있을 겁니다. 만약 모든 사람이 오직 생계를 위해서만 돈을 쓴다면 모르긴 몰라도 지금의 기업 중 절반은 망해서 없어질 겁니다. 지금은 생계를 유지하기 위해 소비하는 시대가 아닙니다. 오히려 허영을 만족시키기 위해 소비하는 시대입니다. 과거의 빈곤이 '생계가 위험한 상태'를 의미했다면 지금의 빈곤은 '남들보다 더 많은 소비를 하지 못하는 상태'를 말합니다.

월급이라는 마약을 끊고 싶다면 먼저 생계를 유지하면서 적절한 여유를 즐길 만한 '최적임금'을 정해야 합니다. 사람들이 돈에 집착하며 사는 이유는 돈이 없기 때문이라기보다는 자신에게 필요한 최적임금을 정하지 않았기 때문입니다. 최적임금을 정하지 않은 사람은 평생 빈곤한 상태에 머물 수밖에 없습니다. 아무리 많은 돈을 벌어도 더 벌고 싶을 테니까요.

승용차나 아파트를 사기 위해 대출을 받고, 갖가지 장신구나 옷을 끊임없이 사들이면서도 '먹고살기 위해 직장을 다닐 수밖에 없어!'라고 말하는 예전 직장 동료들을 보며 참 많은 생각을 했습니다. 그들은 정말 '먹고살기 위해' 월급에 목을 매며 사는 것일까요? '나는 항상 빈곤하다'는 믿음 속에서 허우적거리고 있는 사람이 '월급'을 자발적으로 거부할 수 있을까요?

월급이라는 마약을 끊고 직장을 그만두고 싶다면 우선 본인의 최적임금이 얼마인지 고민해보고, '난 한 달에 이 정도만 벌면 충분해!'라고 자신 있게 말할 수 있어야 합니다. 그리고 최적임금을 삶에서 끈덕지게 관철시켜 나갈 수 있다면 월급이라는 마약 때문에 힘들어하는 일은 현저히 줄어들 겁니다.

물론 최적임금을 정말 생계만을 위한 금액으로 한정할 필요는 없습니다. 취미생활이나 여유를 즐길 수 있는 수준이 최적임금에 포함되어도 상관없습니다. 하지만 가급적 기본적인 생계를 유지하는 쪽으로 오면 올수록 좋겠지요. 최적임금을 높이 잡으면 잡을수록 그만큼 월급이라는 마약으로부터 탈출할 수 있는 기간이 늘어날 테니까요. 그래서 동서고금의 수많은 현자들이 '탐욕을 줄여라'고 말했을 겁니다.

월급이라는 마약을 벗어나기 위해 가장 시급한 것은 본인의 라이프스타일이나 가치관을 고려한 최적임금을 분명히 정하고, 그것을 삶에서 관철시켜내는 것입니다.

 직장에서 밥값도 못하고 있는 것 같아요

저는 해운업에 종사하고 있는 4년 차 직장입니다. 작년에 회사 사정이 안 좋아서 꽤 많은 직원들이 정리해고가 되었는데, 저는 운 좋게 살아남았습니다. 하지만 다행스럽다는 기분도 잠시, 요즘은 다른 고민에 빠졌습니다. 작년과 달리 일도 잘 안 되고 맡은 업무도 완벽하게 마무리를 짓지 못하고 있어요. 그러다보니 괜스레 사장님 눈치도 보이고 주눅이 드네요. 솔직히 말씀드려서 제가 밥값을 못하고 있는 것 같은 기분입니다. 그래서인지 자존감도 계속 낮아지는 것 같고……. 이런 상태로 계속 직장을 다녀도 될까요?

A '노예'의 죄책감에서 벗어나세요

직접 만나서 이런 고민을 제게 이야기했다면 엄청나게 야단을 치고 혼을 냈을 겁니다. '노예의식'에 사로잡힌 직장인의 전형을 보여주고 있기 때문입니다.

작년과 달리 일도 잘 안 되고 맡은 업무도 완벽하게 마무리를 못한다고 하셨지요? 그건 본인이 무능하거나 역량이 떨어졌기 때문이 아닙니다. 평범한 직장인이라면 연차가 올라가면서 업무적 능력이 올라가고, 그러니 업무는 더 수월해질 수밖에 없습니다. 그럼에도 오히려 작년보다 업무가 더 힘들어졌다고 느끼는 이유는 일이 많아졌기 때문입니다. 일이 왜 많아졌을까요? 간단합니다. 직원들을 많이 내보냈기 때문입니다.

직원을 줄이면서 업무도 함께 줄이는 사장은 없습니다. 직원을 내보내는 이유는 회사 사정이 힘들어졌기 때문이라기보다는 더 적은 인원에게 더 많은 일을 하게 해서 더 많은 이윤을 내기 위해서입니다. 당연한 얘기지만, 100명이 1억을 버는 것보다 30명이 1억을 버는 게 훨씬 더 이득이니까요. 짧지 않은 직장생활을 했고, 많은 직장인들을 만나보았지만 정리해고 이후에 직원들의 급여를 올려주었다는 이야기는 단 한 번도 들어보지 못했습니다.

지금은 일을 잘 마무리하시 못한다고 수눅이 들어 있어야 하는 상황이 아니라 사장에게 일이 너무 많다고 당당하게 따져 물어야 할 상황입니다. 사장이 직원을 줄여서 업무가 많아졌으니 직원을 다시 뽑든지 아니면 급여를 올려달라고 해야 할 판에 사장 눈치를 본다니, 쥐가 고양이 걱정을 하고 있는 것과 다르지 않습니다. 억울해하고 분해도 시원찮을 판에 터무니없는 죄책감에 시달리고 있으니 제가 더 답답하고 화가 날 지경입니다.

지금 질문 주신 분이 느끼는 기묘한 죄책감은 전형적인 노예의 죄책감입니다.

평생 주인을 위해 헌신한 노예가 늙어서 아무 일도 할 수 없게 되었을 때, 그는 주인에게 뭐라고 말할까요? 아마 "이제 늙어서 쓸모없어진 저 같은 건 그냥 내다 버리세요"라고 할 겁니다. 일을 하지 못하는 노예는 주인에게 밥을 얻어먹을 자격도 없다고 생각할 테니까요.

이윤 창출이 지상과제인 사장이 왜 질문 주신 분은 내보내지 않았을까요?

질문 주신 분을 회사에 남겨두는 것이 더 이득이라고 판단했기 때문입니다. 그러니 당당해지세요. 사장과 직원은 고용주와 고용인의 관계로 맺어진 동등한 두 인격체, 그 이상도 이하도 아닙니다. 사장이 필요해서 남겨두었으니, 받는 돈만큼만 일하면 됩니다. 사장의 눈치를 보거나 주눅들 필요가 없습니다. 지금 가장 필요한 것은 더 많은 일을 하는 것이 아니고 당당한 삶의 주인으로 각성하는 것입니다. 그렇게 각성을 하게 되면 보이기 시작할 겁니다. 자신이 지금 얼마나 부조리하고 불합리하고 억울한 상황에 처해 있는지 말입니다.

현명해지셔야 합니다. 정확하게 말해서 지금은 질문 주신 분이 사장 눈치를 보아야 할 상황이 아니라 사장이 눈치를 보아야 할 상황입니다. 같은 돈을 주고 더 많은 일을 시키고 있는 상황이니까요. 이런 분통 터지는 상황에도 불구하고 오히려 사장의 눈치를 보고 터무니없는 죄책감을 느끼는 것이 얼마나 어리석은 일인지 빨리 깨달아야 합니다.

Q '지름신' 때문에 직장을 그만둘 수가 없어요

직장을 다닌 지 5년이 넘었습니다. 이제 잠시 직장을 쉬고 싶습니다. 하지만 그러지 못하는 이유가 있습니다. 바로 매달 강림하는 지름신 때문입니다. 인터넷이나 티브이를 보다가 갖고 싶은 것이 꽂히면 다른 일을 못할 정도입니다. 그렇게 해서 옷이며 신발, 액세서리, 스피커, 노트북 등등이 집에 쌓여 있지만 또 사고 싶은 물건이 자꾸 생깁니다. 직장을 그만두는 것은 고사하고 매달 찾아오는 지름신을 감당하려면 투잡을 뛰어야 할 지경이에요.

A '행복'을 찾으면 지름신은 저절로 멀어지게 됩니다

1. 먼저 '나는 왜 물건을 사고 싶을까?'라는 본질적인 질문에 답할 수 있어야 합니다. '사고 싶으니까'라는 하나마나한 답변 말고, 왜 사다 놓고 사용조차 잘 하지 않는 물건을 끊임없이 사고 싶은지 집요하게 물어야 합니다.

과소비의 심리적 메커니즘은 기본적으로 자유로움에 대한 갈망입니다. 오늘날은 어떤 기능이 필요해서가 아니라 물건을 사면서 충족되는 자유로운 느낌을 위해 소비를 하는 시대입니다. 돈만 있으면 인터넷이나 백화점에 있는 그 많은 상품 중에서 무엇이든 살 수 있다는 그 자유로운 느낌, 정말 매혹적이지요.

우리가 소비를 하는 또 다른 이유는 당당해지고 싶기 때문입니다. 백화점이나 마트에 가서 물건을 살 때 우리는 한없이 당당해집니다. 종업원들은 머리를 조아리고 우리의 눈치를 봅니다. 자기네 상품을 사 달라고 갖은 아양을 떨지요. 그 당당한 느낌 역시 너무나 매혹적입니다.

지름신이 강림하는 이유는 몇 가지 더 있지만 핵심은 결국 '행복'입니다. 우리 시대의 소비는 행복을 사는 행위입니다. 이것이 과소비의 본질입니다. 아파트를 사고 싶은 이유도, 자동차를 사고 싶은 이유도 사실은 행복하고 싶기 때문이지요. 그래서 수많은 광고들이 자신들의 물건을 사면 행복할 것이라는 이미지를 보여주려고 그리 애를 쓰는 것이지요. 그러니까 결국은 돈을 버는 것도 쓰는 것도 다 행복이라는 느낌을 얻기 위해 하는 행위인 셈입니다.

2. 하지만 여기서 한 가지 의구심이 듭니다. 세상에 행복하고 싶지 않은 사람이 있을까요? 인간이라면 다들 행복하게 살고 싶습니다. 그런데 어떤 이는 행복이라는 느낌을 갖기 위해 과소비를 하고 또 어떤 이는 전혀 그렇게 살지 않습니다. 차이가 무엇일까요? 그 차이를 알아보는 것이 매달 강림하는 지름신을 막는 핵심이 될 겁니다.

우선 '요요현상'에 대해서 먼저 이야기해보지요. 다이어트를 해본 적이 있는 분이라면 한 번쯤은 요요현상을 경험해보셨을 겁니다. 체중을 줄였다가 얼마 뒤에 원래 체중으로 혹은 그보다 더 무거운 체중으로 돌아오는 현상을 요요현상이라고 하지요. 그렇다면 요요현상은 왜 생길까요? 식욕을 과도하게 억제하느라 생긴 심리적 결핍감 때문입니다. '45킬로그램이 될 때까지 먹고 싶은 걸 꾹 참는다!' 하면서 식욕을 억제하느라 생긴 결핍감은 어느 순간에 폭식으로 이어지곤 합니다. 결핍감 때문에 한동안 못 먹었던 것을 한꺼번에 먹게 되는 것입니다.

지름신도 마찬가지입니다. 어떤 사람이 과소비를 하게 될까요? 평소에 자유롭지 못한 느낌이 강하게 드는 사람, 평소에 당당하지 못하다는 느낌이 강한 사람일수록 더 많은 소비를 하게 되어 있습니다. 평소 불행하다는 생각이 많이 드는 사람일수록 소비에 집착할 수밖에 없습니다. 생각해보면 당연한 것입니다. 월급쟁이라는 이유로 매일 사무실에 매여 있어야 하고, 시키는 일만 하면서 전혀 자유롭지 못한 생활을 하는 사람은 자유에 대한 결핍감이 클 수밖에 없겠지요. 또 평소 직장에서 사장, 상사, 동료의 눈치를 과도하게 보느라 늘 위축되어 있는 사람은 당당함에 대한 결핍감이 클 수밖에 없습니다.

그런 결핍을 가진 사람들이 월급을 받으면 그 돈으로 자유로움과 당당함을 사려고 합니다. 그렇게라도 하지 않으면 지금의 부자유스럽고 전혀 당당하지 못한 삶을 버틸 수가 없을 테니까요. 그러니까 과소비는 결국 행복감을 느끼지 못하는 사람들의 요요현상이라고 할 수 있습니다. 정서적 결핍감을 해소하기 위한 요요현상인 셈이지요. 그러니 이렇게 보아도 좋습니다. 지름신이 강림했다는 말은 지금 삶이 굉장히 불행한 처지에 놓여있는 것이라고 말입니다.

이제 지름신을 없앨 수 있는 방법도 보입니다. 자유롭게, 당당한 삶을 사는 사람은 애써 소비를 통해 자유로움이나 당당함을 얻지 않아도 됩니다. 그럴 필요가 없지요. 이미 배가 부른데 식탐을 부릴 이유가 없는 것처럼 이미 행복한데 행복을 구매할 이유는 없을 테니까요.

이건 제가 직접 경험했기 때문에 분명히 말씀드릴 수 있습니다. 저 역시 직장을 다닐 때는 필요도 없는 물건들을 많이도 사다 모았습니다. 돈이 없어서 물건을 사지 못할 때는 여지없이 우울해졌습니다. 하지만 직장을 그만둔 지금은 조금 다릅니다. 저는 지금 제가 원하는 일을, 하고 싶은 만큼, 원하는 장소에서 하기 때문에 예전보다 자유롭습니다. 또 눈치 볼 상사도 사장도 없기 때문에 예전보다 훨씬 더 당당합니다.

놀라운 사실은, 이렇게 자유롭고 당당한 삶을 살아가다 보니 소비욕구가 현저히 줄었다는 점입니다. 돈이 없어서 사고 싶은 것을 억지로 참는 것이 아니라 예전에 좋아했던 옷이나 시계, 향수 같은 제품을 보아도 갖고 싶다, 사고 싶다는 느낌이 예전만큼 강하지가 않습니다. 사실은 그런 상품들에 별관심도 없고 시큰둥해졌습니다. 어찌 보면 당연한 일인지도 모릅니다. 지금 삶 자체가 충분히 행복한데 굳이 돈을 써가며 행복을 살 필요는 없으니까요.

'지름신을 막기 위해 직장을 그만두라' 하는 이야기를 하려는 것이 아닙니다. 그것은 본인이 알아서 판단하면 될 일이지요. 하지만 분명한 것은 과소비를 줄이기 위해서는 그냥 억제하고 참는 방법으로는 안 된다는 사실만은 분명히 하고 싶습니다. 어떤 식으로든 삶 자체가 행복해져야 합니다. 지금 삶의 조건 하에서 가능한 한 조금이라도 더 자유롭게 살려고 노력하고,

조금 더 당당해지려고 노력하면, 그 노력만큼 지름신은 줄어들 것입니다.

직장을 다니면서 일만 하는 것이 아니라 좋아하는 취미생활 하나 정도는 자유롭게 하고, 직장에서 부당한 대우를 받거나 불합리한 대접을 받을 때는 당당하게 자신의 이야기를 할 수 있으면 됩니다. 지금의 삶에서 소비의 영역과 별개로 자유롭고 당당한 행복의 느낌을 많이 확보하면 할수록 소비의 욕구는 줄어들 겁니다. 소비를 할수록 행복해지는 것이 아니라 행복할수록 소비욕구가 줄어드는 겁니다.

소비의 서글픈 역설은, 행복해지기 위해 소비를 하지만 소비를 할수록 불행해진다는 겁니다. 이 소비의 역설을 절대 잊으면 안 됩니다. 행복이라는 이미지를 사기 위해 소비를 하지만 그처럼 소비를 할 돈을 벌기 위해 우리는 다시 자유롭지도 당당하지도 못한 불행이 가득한 직장으로 돌아가야 하니까요. 소비에서 자유롭고 싶다면 우선 행복해지세요. 행복하기 위해 소비를 하는 것만큼 어리석은 행동도 없습니다.

행복한 밥벌이와 부유한 삶을 다 갖고 싶어요

직장생활 5년 차로 접어드는 S입니다. 작가님 책을 읽고 많은 부분 공감하고 또 지금껏 하던 생각도 많이 바뀌게 되었어요. 작가님은 좋아하는 일을 하기 위해서는 가난해질 각오를 해야 한다고 말씀하셨잖아요? 하지만 솔직히 저는 부유한 삶을 살고 싶어요. 현실적인 성격 탓에 직장을 그만두면 부유한 삶을 살게 될 가능성이 더 없어질 것 같아 계속 직장을 다니고 있습니다. 그런데 요즘은 이건 아니다 싶은 생각이 자꾸만 들어요. 제 고민은 행복한 밥벌이를 하고 싶지만, 경제적으로 부유한 삶도 살고 싶다는 겁니다. 어떻게 하면 좋을까요?

노년에 후회하지 않을 삶을 지금 선택하세요

1. 우선 이 질문부터 해보고 싶네요. 지금 직장을 계속 다니면 S씨가 원하는 부유함을 얻게 될까요? 지금 직장에서 그럴 희망이 보이나요? 만약 그렇다면 지금 직장에 그냥 머무는 것도 나쁜 선택은 아닙니다. 어차피 인생이란 하나를 얻기 위해서는 하나를 내려놓아야 하는 것이니까요. 지금 고민의 핵심은 S씨가 생각하는 '부유함'의 정도를 명확하고 구체적으로 정하지 않았다는 점입니다.

제 직장 동료들 중에도 돈을 많이 벌고 싶다는 친구들이 있었습니다. 그런데 그들은 모두 직장을 떠났어요. 아무리 직장을 오래 다녀본들 원하는 돈을 벌 수 없다는 사실을 단박에 알아챘기 때문입니다. 정말 부유해지고 싶다면 직장을 다녀서는 안 되지요. 직장인은 그저 중산층 혹은 그보다 조금 못 미치는 정도의 부유함을 겨우 유지할 수 있을 뿐이니까요. 씨가 정말 부자가 되고 싶다면 가장 먼저 '내가 생각하는 부유함은 과연 어느 정도인가?'라는 질문에 아주 구체적으로 답할 수 있어야 합니다. 그게 고민 해결의 시작입니다.

어떤 답을 하든 지금 S씨의 상황은 두 가지 중 하나일 겁니다. 하나는 본인이 원하는 부유함이 지금 직장에서 만족시킬 수 있는 수준인 경우, 그리고 다른 나머지는 본인이 원하는 부유함을 지금 직장에서는 결코 만족시킬 수 없는 경우입니다.
우선 S씨가 원하는 부유함이 지금 직장에서도 충분히 만족시킬 수 있는

수준이라면 직장의 답답함, 불편함을 그냥 견디는 것도 하나의 대안이 될 겁니다. 반면에 지금 직장에서는 도저히 감당이 안 될 정도의 부유함을 원한다면 하루라도 빨리 직장을 그만두고 더 많은 돈을 벌 수 있는 다른 일을 찾아야 합니다. 심플하죠? 본래 인생은 이렇게 심플합니다.

2. 그런데 S씨의 경우에는 하나의 문제가 더 남습니다. 경제적 부유함과는 별개로 '행복한 밥벌이'를 원하는 것이 그 문제입니다. 오직 돈만이 기준이라면 앞의 심플한 문제 해결법을 따르면 되지만 행복한 밥벌이라는 문제는 조금 다릅니다. 아무리 돈을 많이 번들 본인이 좋아하지 않는 일을 한다면 그 일로는 결코 행복한 밥벌이에 도달할 수 없습니다. 행복한 밥벌이는 결국 자신이 좋아하는 일을 하며 밥벌이를 하는 것이니까요.

바로 여기가 고민의 중심점입니다. 여기서 잠깐 퇴사에 대해 조금 깊이 생각해보아야 할 것 같습니다. 퇴사에는 크게 '강요된 퇴사'와 '자발적 퇴사'가 있습니다. 그중 여기서는 '자발적 퇴사'에 대해서 이야기해보지요. 지금 S씨의 경우 '강요된 퇴사'를 고민하고 있는 것은 아니니까요.
자발적 퇴사도 사실은 두 가지 종류가 있습니다. '더 많은 돈벌이'를 위한 퇴사와 '행복한 밥벌이'를 위한 퇴사입니다. 전자는 급여 조건이 더 좋은 직장으로 이직을 하거나 돈을 훨씬 더 많이 벌 수 있는 사업을 하기 위해 퇴사를 하는 것이고, 후자는 돈보다는 좋아하는 일을 하기 위해 퇴사를 하는 것입니다.

그런데 S씨는 돈도 많이 벌면서 행복한 밥벌이를 하고 싶은 거죠? 그러니

'더 많은 돈벌이'를 위해 자발적 퇴사를 하고, 또 운이 좋아 돈을 더 많이 벌게 된다고 해도 결국 만족하지 못할 겁니다. 그것은 애초에 본인이 좋아하는 일이 아니라 돈을 더 많이 벌기 위한 선택이었으니까요. 결국 '행복한 밥벌이'를 위해서는 '부유함'과 '좋아하는 일' 중 하나를 선택해야만 합니다. 물론 좋아하는 일을 하면서 부유하게 살 수도 있습니다. 저 역시 그런 삶을 지향하고요.

그런데 행복한 밥벌이를 위해 자발적 퇴사를 한 사람 가운데 일정 정도의 부유함까지 얻게 된 사람들은 모두 공통점이 있습니다. 그 공통점은 역설적이게도 돈보다 좋아하는 일을 선택했다는 겁니다. '좀 가난하게 살면 어때? 나는 좋아하는 일을 하며 살 거야!'라고 생각하며 단호하게 행복한 밥벌이를 선택했던 사람만이 경제적 부유함을 가질 수 있습니다. 물론 '행복한 밥벌이'를 선택한 사람 모두가 부유해지는 것은 아닙니다. 하지만 좋아하는 일을 하며 부유해진 사람들은 모두 돈보다 좋아하는 일을 선택했던 사람들입니다.

당연한 일입니다. 어떤 일을 처음 시작할 때의 기준이 좋아하는 일이 아니라 돈이라면 그 끝에는 부유함은 있을지 모르지만 행복한 밥벌이는 없습니다. 게다가 지금은 돈을 벌려고 시작했던 일로 부유함을 얻게 되는 경우도 너무나 드문 일이 되어버렸지요. 주위를 둘러보세요. 돈을 벌기 위해 장사를 하고 사업을 시작한 사람 중에 정말 돈을 많이 벌게 된 사람이 얼마나 있는지.

행복한 밥벌이를 하면서 부유함을 얻고 싶으세요? 그럼 이렇게 생각하세요. '나는 돈을 못 벌어도, 가난하게 살아도 좋아하는 이 일을 할 거야!'라고 말입니다. 그것이 아니라면 차라리 돈만 벌면 그만이라는 일을 찾아가는 편이 더 낫습니다. 괜히 어중간하게 '좋아하는 일도 하면서 돈도 벌고 싶다'고 양다리를 걸치면 죽도 밥도 안 됩니다.

지금 S씨는 갈림길 앞에 서 있습니다. 행복한 삶이냐, 부유한 삶이냐. 선택은 전적으로 S씨의 몫입니다. 그리고 누구도 그 선택에 대해 '옳다 그르다' 말할 수 없습니다. 단지 제가 드리고 싶은 말씀은 어떤 길이 삶의 마지막 순간에도 후회가 없을 길이냐 하는 겁니다.

나이가 지긋해져서 인생을 정리해야 할 시기에 S씨는 '아, 그때 돈을 더 많이 벌었어야 했는데'라는 후회를 하게 될까요? 아니면 '어차피 한 번 사는 인생인데 좋아하는 일을 해볼걸'이라는 후회를 하게 될까요? 언젠가 직면하게 될 그 후회를 막을 수 있는 기회가 바로 지금 S씨가 서 있는 갈림길 앞에 있습니다.

Q 돈이 없어서 궁상을 떨며 살고 싶지는 않아요

저는 중소기업에 다니고 있는 직장인 L입니다. 제가 다니는 직장은 돈을 많이 주는 것도 아니고, 비전이 있는 것도 아닙니다. 업무 강도가 약한 것도 아닙니다. 원청회사에 납기가 걸리면 야근에다 주말 특근도 해야 합니다. 이제 서른여섯 살인데 여기에 계속 있어야 하나라는 생각이 자주 듭니다. 기왕이면 작가님 말씀처럼 좋아하는 일을 하며 살고 싶습니다. 그런데 막상 직장을 그만두면 돈이 없어 궁상을 떨며 살 것 같습니다. 저는 부자까지는 바라지 않습니다만 궁상스럽게는 살고 싶지 않습니다.

A 타인의 시선을 너무 의식하지 마세요

1. 좋아하는 일을 왜 하고 싶을까요? 너무 당연한 말이지만, 좋아하는 일을 하고 사는 것이 행복한 삶이기 때문일 겁니다. '우리는 모두 행복해지려고 애를 쓰며 살고 있다'는 이 대전제로부터 출발하는 것이 중요할 것 같습니다.

열악한 환경에서 일하면서도 선뜻 삶의 변화를 모색하지 못하는 이유가 '궁상을 떨게 될까 봐'라고 하셨잖아요? 맞습니다. 마트에 가서 물건 하나 살 때도 어느 것이 더 싼가를 살펴보고, 친구들과 술 한잔한 후에도 시원하게 계산 한번 못하고 늘 얻어먹는 모습, 얼마나 궁상스러운가요? 어쩌면 대부분의 직장인들이 이처럼 궁상스럽게 보이지 않기 위해 고되고 치사스러운 직장에 끝끝내 붙어 있으려는 것인지도 모르겠습니다.

그런데, 문제의 핵심은 궁상스러움 그 자체가 아니라 궁상스럽게 '보이는' 것에 있습니다. 즉 궁상스러움이란 타인이 자신을 바라보는 시선에 기인하는 부정적인 감정입니다. 혼자 식당에서 밥을 먹어본 적이 있나요? 한없이 궁상스럽게 느껴졌을 겁니다. 하지만 집에서 혼자 밥을 먹으면서도 그런 궁상스러움이 느껴지던가요? 혹 궁상스럽게 느껴졌다 하더라도 사람 많은 식당에서보다는 훨씬 덜했을 겁니다.

이쯤에서 행복한 삶을 위한 철칙을 하나 말씀드려야 할 것 같습니다. 그것은 타인의 시선에서 자유로운 사람만이 행복하게 살 수 있다는 겁니다. 정확하게 말해 타인의 시선에서 자유로울 수 있는 딱 그만큼 행복한 삶을 살 수 있습니다. 프랑스의 철학자 '장 폴 사르트르'는 이렇게 말했습니다. "타인은 지옥이다"라고. 우리의 행복을 가로막는 것은 다름 아닌 타인의 시선이라고 말하는 겁니다.

'궁상스럽게 살고 싶지 않다'는 감정은 타인의 시선에 사로잡혀 있다는 것과 같은 의미입니다. 궁상스럽다는 감정 자체가 '다른 사람이 내 모습을 궁상스럽다고 볼 거야'라는 타인에 대한 의식에서 오는 것이니까요. 행복한 밥벌이를 하고 싶다면, 아니 행복한 삶을 살고 싶다면 궁상스러운 삶을 두려워해서는 안 됩니다. 좋아하는 일을 하며 행복하게 사는데, 다른 사람들이 궁상스럽게 보든 말든 그것이 무슨 상관인가요? 중요한 것은 자신의 감정과 느낌, 그리고 행복 아닌가요?

2. 이쯤 되면 의구심이 들지도 모르겠습니다. 그렇다면 좋아하는 일을 하기 위해서는 얼마든지 궁상스럽게 살아도 된다는 말처럼 들릴 테니까요. 여기서 궁상에 대해 조금 깊이 생각해볼 필요가 있습니다. 엄밀히 말해 궁상에는 두 가지 종류가 있습니다. '강요된 궁상'과 '당당한 궁상'입니다. 이 두 가지를 정확히 구분할 수 있다면 궁상스럽게 살지 않기 위해 스스로 불행해지는 불상사는 막을 수 있을 겁니다.

먼저 '강요된 궁상'이란 타인의 시선으로 자신을 볼 때 나타나는 감정입니다. 예를 들어 마트에서 100원, 200원 싼 물건을 찾을 때 스스로 느끼는 궁상스러움은 '이 모습을 다른 사람이 보면 어찌 생각할까?'라는 타인의 시선이 투사되어 들어올 때 느껴지는 부정적 감정입니다. 이런 강요된 궁상을 극복하지 못하면 행복한 밥벌이는 요원합니다. 자신의 행복이 아니라 다른 사람에게 궁상스럽지 않게 비치는 것이 지상과제일 테니까요.

매달 월급의 3분의 2를 주택대출금을 갚느라 여행은 고사하고 가족들과 마음 편히 식사 한 번 제대로 못하는 직장 동료가 있었습니다. 그는 왜 이런 불행한 삶을 살게 되었을까요? '결혼했으면 30평대 번듯한 아파트 하나쯤은 있어야지'라는 타인의 기대와 시선을 받아들였기 때문입니다. 타인의 시선에 부합하느라 일어난 사달인 셈이지요. 강요된 궁상은 이처럼 아주 구체적으로 우리의 삶을 불행의 구렁텅이로 몰아넣곤 합니다.

이와 달리 '당당한 궁상'은 자발적 가난을 당당하게 선택하는 것입니다. 당당한 궁상은 '행복을 위해 적게 쓰고 적게 번다'는 소비 철학입니다. 자본주의 사회에서는 돈을 벌기 위해 대부분 남이 원하는 일을 해주어야 합니다.

따라서 자신이 원하는 일을 하려면 최대한 돈을 적게 벌어야 합니다. 돈을 적게 벌면 어떻게 살아야 할까요? 당연히 적게 써야겠지요.

당당한 궁상을 긍정할 수 있어야 합니다. 마트에서 100원 싼 과일을 사면, 내가 하기 싫은 일을 100 원어치 덜할 수 있고, 그만큼 내가 좋아하는 일을 더할 수 있다고 생각하면 됩니다. 행복한 삶을 살기 위해 당당한 궁상을 긍정하는 것은 매우 중요합니다. 필요 이상의 소비를 하는 이유가 바로 당당한 궁상을 긍정할 수 없기 때문이니까요. 40대가 되면 중형차 정도 몰아줘야 한다고 생각하고, 30평대 아파트에 살아줘야 한다고 생각합니다. 그렇지 못할 때 스스로 궁상스럽다고 생각합니다.

생계를 위협하지 않는 수준에서 얼마든지 자신의 궁상을 긍정하세요. 남들이 궁상스럽게 보든 말든 그것이 무슨 상관인가요? 중요한 것은 본인의 삶이 행복하고 충만한 것 아닌가요? 타인의 시선으로 자신의 모습을 바라보면 본인의 모습은 항상 궁상스러워 보일 겁니다. 하지만 '좋아하는 일을 하기 위해 조금 가난해질 거야!'라고 생각할 수 있다면 훨씬 더 행복한 삶을 살 수 있게 될 겁니다. 잊지 마세요. 타인은 지옥이라는 사실을.

Q 창업에 성공했는데, 직장 다닐 때와 달라진 게 없어요

몇 해 전 이런저런 고민을 하다가 퇴사를 하고 창업에 성공해서 돈도 잘 벌고 모든 일이 원만하게 돌아가고 있습니다. 주위 사람들도 모두 저를 부러워하고 또 유능한 창업자라고 추켜 세웁니다. 그런데 솔직히 말하자면 돈을 조금 더 많이 벌고 있을 뿐 근본적으로 삶이 달라졌다고 느껴지지 않습니다. 오히려 직장을 다닐 때보다 더 힘듭니다. 직장을 다닐 때는 창업이란 꿈을 이루면 행복해질 거란 믿음이 있었지만 지금은 그 꿈을 이루었는데도 전혀 행복하지 않기 때문입니다. 또 다른 꿈을 찾아야 하는 건가요? 혼란스럽습니다.

A 나의 꿈이 진짜 나의 꿈인지 먼저 살펴보세요

1. 고민은 고민이고, 요즘처럼 힘든 시절에 돈이라도 잘 버니 얼마나 다행스러운 일입니까? 아마 돈마저 못 벌었으면 더 힘들었을 겁니다. (여담이지만 직원들에게 제 책 좀 사서 나눠주세요!) 일단 성공적으로 창업을 하신 것만 해도 정말 대단한 일입니다.

우선 이것부터 말해두어야 할 것 같네요. 우리의 욕망은 대체로 우리의 욕망이 아닌 경우가 많습니다. 우리가 꿈이라고 말하는 것이 진짜 우리의 꿈인 경우보다 부모나 사회에 의해 주입된 꿈인 경우가 대부분이지요. 그렇다면 진짜 나의 꿈인지 아니면 나의 꿈이라고 착각하고 있는 것인지 어찌 알 수 있을까요? 확인하는 방법은 오직 하나뿐입니다. 그 꿈을 어느 정도 실현해보는 것입니다.

그림을 그리고 싶다는 욕망을 가진 사람이 화가라는 꿈을 꾸며 산다고 가정해봅시다. 그 욕망과 꿈이 정말 자신의 것인지 알 수 있는 방법은 그림을 그려보고 화가가 되어보는 것입니다.

자신의 욕망과 꿈을 어느 정도 실현한 이후에 '이제 뭘 하지?'라는 허탈감이나 허무감이 든다면 그것은 자신의 욕망과 꿈이 아니라 사회에 의해 주입된 것입니다. 반면에 '그래 이제 시작이야!'라는 설렘과 두근거림이 있다면 제대로 본인의 욕망과 꿈을 찾은 것입니다.

지금 질문 주신 분은 사실 본인의 욕망과 꿈이 아니라 부모나 사회에 의해 주입되었던 욕망과 꿈을 실현한 것입니다. 정말 창업이 본인의 꿈이었다면 '이제 돈도 좀 있으니 새로운 사업을 해볼까?'라는 설렘으로 충만한 행복한 시간을 보내고 있을 겁니다.

저는 지금 '창업이라는 꿈을 향해 열심히 달려왔지만 그것이 사실은 당신의 꿈이 아니었다'는 말을 하고 있는 겁니다. 이보다 더 잔인하고 절망적인 이야기가 또 있을까요? 이제껏 했던 수많은 고민과 노력이 헛수고처럼 느껴지기도 할 테니까요. 그런데 조금 다른 시각에서 보자면, 고민 주신 분은 인생에서 의미 있는 성취를 이룬 것이라고도 볼 수 있습니다. 적어도 지금의 모습이 자신이 진정으로 원하는 모습이 아니었다는 것을 분명히 알게 된 것이 바로 그 성취입니다. 만약 직장에 계속 머물렀다면 '내 꿈은 창업이야!'라고 말하며 언제까지나 가짜 꿈속을 헤매며 살았겠지요.

가짜 꿈을 제거한다는 것은 그만큼 자신의 진짜 꿈에 가까워진다는 것을 의미합니다. 세상에 쓸모없는 경험은 없습니다. 더구나 자신의 진짜 꿈을 이룬 것이든 아니든 자신이 원했던 것을 위해 삶의 근본적 변화를 자발적으로 선택해본 경험은 무엇과도 바꿀 수 없는 소중한 경험입니다.

2. 우리는 세속적인 성공, 직설적으로 말해 돈에 과도하게 집착하는 시대를 살아가고 있습니다. '돈이 곧 성공이다!'라는 사회 분위기 때문에 많은 창업자들이 헛발질을 하곤 합니다. 그것은 '창업'과 '창작'을 대체로 구분하지 못하기 때문입니다. 당연합니다. 창작은 돈이 안 될 것 같고, 창업은 돈이 될 것 같으니 새로운 일을 시작하려는 욕구가 강한 사람에게 창업 이외의 다른 것이 눈에 들어올 리 없지요. 정부에서 운영하는 것만 봐도 그렇습니다. '창업지원제도'는 널렸지만, '창작지원제도'라는 것은 본 적도 들은 적도 없으니까요.

지금 질문 주신 분에게 가장 필요한 것은 창작과 창업을 구분하는 안목입니다. 저 역시 직장을 그만둘 당시 창업에 대한 이야기를 귀에 딱지가 생기도록 들었습니다. 마치 이직이 아닌 새로운 일을 하는 방법은 오직 창업뿐이라는 생각이 들 정도였습니다. 하지만 '어떤 새로운 일'이 오직 창업밖에 없는 것은 아닙니다. 새로운 어떤 것을 만든다는 점에서 창업과 창작은 같지만, 분명한 차이가 있습니다.

우선 창업은 말 그대로 업을 새로 만드는 것입니다. 즉 창업은 이윤을 창출하는 새로운 구조를 만드는 행위입니다. 따라서 창업은 새로운 것을 계속 만들어내는 어떤 행위라기보다는 사업의 이윤구조를 안정화시키는 역할이 강할 수밖에 없습니다. 라면을 좋아해서 새로운 형태의 라면 가게를 창업하는 것처럼 자신이 좋아하는 어떤 일을 비즈니스화하는 경우가 아니라면 문제는 더욱 심각해집니다. 예를 들어 단순히 수익구조를 만들어내기 위해서 라면 가게를 창업한 경우를 생각해보세요. 그때 창업자는 새로운 맛의 라면을 만들어내는 것이 아니라 직원들에게 동기를 부여하고, 회사를 안정적으로 운영하는 역할이 더 클 수밖에 없습니다.

하지만 창작은 비즈니스가 아니라 예술적인 작업에 가깝습니다. 새로운 아이템을 발굴해서 회사를 세우고, 그 회사가 지속가능하도록 이윤 구조를 구축하는 것이 아니라 그저 자신이 좋아하고 표현하고 싶은 어떤 것을 끊임없이 창조해내는 것입니다. 따라서 창작자는 돈을 벌기 위해 어떤 일을 하는 사람이 아니라 자신 속에 있는 어떤 것을 끊임없이 표현하고 싶은 욕구를 실현하는 사람입니다. 창업자가 '상품'을 만드는 사람이라면 창작자는 '작품'을 만드는 사람인 셈이지요.

바로 여기에 예전 직장과 별반 달라진 게 없다고 느낀 이유가 있습니다. 창업에 매달릴 때는 느끼지 못하지만 어느 정도 수익구조가 갖춰지고 안정화되면서 예전 직장에서처럼 반복적인 일을 하고 있다는 느낌이 드는 겁니다. 이런 상황이 답답한 이유는 분명합니다. 본인이 진정으로 원했던 모습은 '경영자'가 아니라 '예술가'에 가까운 어떤 형태였기 때문인 것입니다.

여기서 함정은 어떤 일을 처음 시작할 때는 창작과 창업의 차이점이 잘 느껴지지 않는다는 점입니다. 둘 모두 새로운 어떤 것을 만들어가고 있다는 느낌을 받을 수 있으니까요. 문제는 어느 정도 안정기에 들어선 이후에 찾아오게 됩니다. 지속적으로 무엇인가를 표현하고 창작하고 싶다는 욕구를 가진 사람은 안정기가 찾아온 이후에는 무엇인가 답답하고 허무해질 수밖에 없습니다. 정작 본인이 원했던 것은 상품을 지속적으로 파는 것이 아니라 자신 안에 있는 욕망을 표현할 수 있는 작품을 만들고 싶었던 것이니까요.

오늘날 우리 사회의 문제점은 경영자가 되고 싶은 사람은 물론 화가나 소설가, 작곡가 같은 예술가가 되고 싶은 사람도 모두 창업을 하려고 한다는 겁니다. 하지만 끊임없이 자신을 표현하고 싶고, 자신을 닮은 작품을 만들고 싶어하는 사람은 창업이 아닌 창작을 해야 합니다.

제가 보기에 고민 주신 분은 창업자가 아니라 창작자의 성향과 기질이 다분해 보입니다. 창업자라면 돈을 잘 벌게 되면 만족감을 느끼지 허탈감을 느끼지는 않으니까요.

안정적인 사업 구조에도 불구하고 무엇인가 허탈감이 든다면 스스로의 욕망을 진지하게 들여다보서야 합니다. '나는 창업을 하고 싶은 사람인가, 창작을 하고 싶은 사람인가?'라는 질문이 필요한 시점입니다. 방향이 잘못된 질주는 언제나 불행의 전주곡일 뿐이라는 사실을 잊지 마세요.

 돈 때문에 재취업을 해야 할 것 같아요

서른세 살의 백수, K입니다. 직장생활이 너무 안 맞는다고 느껴서 작년에 회사를 그만두고 '내가 어떤 일을 하며 살아야 할까?'라는 질문에 답을 찾기 위해 1년을 매달렸습니다. 그런데 좋아하는 일을 찾기는커녕 퇴직금도 다 떨어지고 생활이 너무 힘들어 다시 취업을 해야 할 상황입니다. 지금은 '그냥 직장을 계속 다녔어야 했나?'라는 후회도 가끔 듭니다. 뭔가 달라진 삶을 살 수 있을 거란 희망을 가지고 직장을 그만두었는데 다시 직장으로 돌아가야 한다고 생각하니 답답하고, '결국은 다 돈이구나!'라는 생각만 듭니다.

 훌륭한 자신의 선택을 부정하지 마세요

저는 사실 K씨의 고민이 뭔지 잘 모르겠습니다. 야박하게 들리시겠지만 저한테는 그저 단순히 투덜대는 것처럼 느껴집니다.

직장을 그만두고 1년 동안 자신이 어떤 일을 하며 살아야 하는지 진지하게 고민한 것은 분명 훌륭한 선택이었습니다. 그런 용기를 낼 수 있는 사람이 얼마나 될까요? 평생 일을 하면서 살아야 하는데, 앞으로 어떤 일을 할지 고민할 시간을 스스로에게 준다는 것, 그보다 더 훌륭하고 용기 있는 행동이 또 어디 있을까요? 그런데 지금 그 훌륭한 선택을 부정하고 있는 겁니다. '돈' 때문에 말입니다. 직장을 그만두고 1년여의 시간 동안 정말 아무것도 배우고 느낀 것이 없었나요? 아마 아닐 겁니다. 인생을 긴 호흡으로 볼 때 1년의 백수생활은 무엇과도 바꿀 수 없는 소중한 경험이었을 겁니다. 젊은 시절 그렇게 오롯이 자신을 들여다보는 경험을 한 사람과 그렇지 않은 사람은 시간이 지남에 따라 삶의 질적 수준이 현저히 차이가 날 수밖에 없습니다.

돈? 필요합니다. 중요합니다. 돈 없이 살 수 있는 사람은 거의 없으니까요. 하지만 오직 돈만으로 살 수 있는 사람도 거의 없습니다. 돈보다 소중한 가치들은 얼마든지 많습니다.

1년 동안 고민했는데도 자신이 좋아하는 일을 찾지 못해 지금 삶이 불행하다고 여기고 계신다고요? 제가 확실히 말씀해드릴 수 있는 것은 직장을 계속 다녔더라도 지금보다 그다지 행복하지는 않았을 거라는 겁니다. 어쩌면 지금보다 더 불행한 삶을 살고 계실지도 모르겠네요. '나는 왜 이놈의 직장을 때려치우지도 못하는 걸까?'라는 자괴감에 시달리면서.

돈이 필요하다면 다시 직장을 구해 일을 하세요. 남의 일이라고 쉽게 이야기하는 것이 아닙니다. 자신이 좋아하는 일을 찾는 것도, 또 그 일로 밥벌이를 하는 것도 결코 쉬운 일이 아닙니다. 분명 시간도 많이 걸리고 과정도 험난할 겁니다. 때로는 고되고, 자존심도 상하고 때로는 서러운 일도 많을 겁니다. 하지만 정말 행복하게 살고자 한다면, 자신을 정말 사랑한다면 그 과정을 건너뛰어서는 안 됩니다. 건너뛸 수도 없고요. 그러니 지금 자신의 훌륭한 선택을 부정하지 마세요. 자신을 정말 사랑한다면, 정말 행복해지고 싶다면 말입니다.

'일'은 우리 인생의 거의 절반을 차지할 만큼 비중이 큽니다. 그러니 정말 행복하게 살고 싶은 사람, 자신을 진정으로 사랑하는 사람이라면 인생의 반을 하고 싶지 않은 일 속으로 내몰지는 않을 겁니다.

이렇게 생각하셨으면 좋겠어요, 다시 자신에게 1년이라는 시간을 선물하기 위해 기꺼이 직장으로 돌아간다고. 좋아하는 일로 밥벌이를 하기 위해 지금은 잠시 참고 견딘다고. 삶은 본래 고되고 서럽고 힘든 것입니다. 그걸 인정하는 게 성숙한 어른입니다. 살면서 몇 번 정도 시행착오를 겪지 않는 사람은 없습니다. 문제는 그 시행착오를 감당해내느냐 그렇지 못하느냐 혹은 어떻게 감당하느냐 하는 것입니다.

지금 K씨의 진짜 문제는 돈이 없는 것도, 싫은 직장으로 다시 돌아가야 하는 것도 아닙니다. 그 무엇보다 훌륭하고 근사한 1년 전의 선택을 부정하는 것입니다. 만약 지금 삶의 현실적인 문제들 때문에 1년 전의 선택을 부정한다면 저는 K씨를 야박하게 다그치고 싶습니다. 하지만 K씨가 몇 번의 시행착오에도 불구하고 다시 지금의 삶을 긍정하고 자신이 좋아하는 일을 찾고 그 일을 하면서 살고 싶다는 의지를 놓지 않는다면 저는 진심으로 응원하고 격려해드릴 것입니다.

언제가 우리가 직접 만나게 되는 날이 왔을 때, 그때 진심어린 응원과 격려를 드릴 수 있었으면 좋겠습니다. 그리고 또 그런 K씨의 모습을 보며 가끔 약해지는 저를 돌아보고, 삶의 많은 부침들 속에서도 의연히 한 걸음 내디딜 수 있는 용기를 얻을 수 있었으면 좋겠습니다. 저는 K씨가 저에게 또는 주위 사람들에게 그런 역할을 해주실 수 있기를 바랍니다.

제 5 장

가족 고민 타파!

Q 맞벌이 부부의 육아 문제, 어떻게 해야 하나요

직장생활 7년째인 맞벌이 워킹맘, J입니다. 힘들긴 하지만 나중에는 행복하게 살 수 있을 거란 생각에 꿋꿋이 견디고 있습니다. 새벽에 아이를 어린이집에 맡기고 퇴근시간에 데리고 옵니다. 그런데, 아이를 조금 늦게 데리러 갔던 어느 날 아무도 없는 어린이집 방안에 덩그러니 혼자 앉아 텔레비전을 보고 있는 우리 아이를 보았습니다. 미안한 마음, 서러운 마음에 한참을 울었습니다. 그리고 직장을 그만두어야 하지 않을까 하는 생각도 들었습니다. 하지만 또 한편으로는 아이의 미래를 위해 지금 열심히 돈을 모아야 한다는 생각이 들기도 합니다. 어찌하는 게 좋을까요?

A 맞벌이를 하는 이유부터 먼저 되돌아보세요

1. 저는 이제 직장생활을 하지 않기 때문에 아들을 데리러 종종 어린이집에 가곤 합니다. 때로는 친구들이 모두 집으로 간 뒤에까지 남아 있는 몇몇 맞벌이 부부의 아이들을 봅니다. 그럴 때마다 가슴 깊은 곳에서 느껴지는 먹먹함은, 아이를 가진 부모라면 누구나 알 만한 심정일 것입니다. 하물며 혼자 덩그러니 남아 텔레비전을 보고 있는 것이 자신의 아이라면 그 심정이 오죽했을까요?

우선 이 이야기부터 하고 싶습니다. 맞벌이를 해야 하는 것이 J씨의 탓은 아닙니다. 소위 '금수저'를 물고 태어나지 않는 한 서울에서 자력으로 집을 장만하는 것은 이미 불가능한 일이 되어버렸지요. 매

년 미친 것처럼 오르는 전세값을 감당하는 것조차 버거울 정도니, 지금 J씨가 겪고 있는 곤경은 J씨의 잘못이 아니라 국가와 정부라는 공동체가 당연히 해야 할 의무를 제대로 수행해내지 못한 결과입니다. 하지만 이런 말이 큰 위로가 될 리는 없지요. 잘못이 우리에게 있지 않다고 해도, 맞벌이를 위해 이른 새벽에 잠도 덜 깬 아이를 어린이집에 맡기고 늦은 저녁 찾아와야 하는 서글픈 일상은 전혀 달라지지 않을 테니까요.

먼저 지금 J씨가 맞벌이를 하는 이유부터 찬찬히 되짚어보세요. 고민의 내용으로 미루어볼 때 J씨는 지금 하는 일이 좋아서 혹은 집안일보다 사회생활이 좋아서 직장을 다니는 것은 아닌 것 같습니다. 지금 고생하년 나중에 행복해질 거란 생각과 아이의 미래를 위해 지금 돈을 벌어두어야 한다

는 생각 때문에 맞벌이를 하고 있는 거죠. 그러니 여기서부터 이야기를 시작해야 할 것 같습니다.

고민의 핵심은 아이입니다. 그러니 부모의 시선이 아니라 아이의 시선으로 상황을 바라볼 필요가 있습니다. 아이가 정말 원하는 것은 무엇일까요? 맞벌이를 해서 좋은 유치원을 보내주고, 비싼 장난감을 사주는 것일까요? 아마 아닐 겁니다. 다른 친구들처럼 엄마 손을 잡고 유치원을 가고, 오고, 엄마와 간식을 먹으며 이런저런 이야기를 나눌 수 있는 생활이 아이가 진정으로 원하는 걸 겁니다. 진심으로 아이가 행복하기를 바란다면 아이와 함께 시간을 보내는 것이 좋습니다.

2. 여기까지 이야기를 하면 많은 걱정들이 떠오르실 겁니다. 줄어든 수입 때문에 혹여 나중에 아이가 원하는 것들을 해주지 못하면 어쩌나 하는 현실적인 걱정들 말입니다. 하지만 자본주의 시대를 살아가느라 우리가 잊고 있는 것이 하나 있습니다. 그것은 돈으로 '똑똑한' 아이는 만들 수 있을지 모르지만 '행복한' 아이는 결코 만들 수 없다는 사실입니다.

부모들이 맞벌이를 해서 더 많은 돈을 벌고, 그 돈으로 과외를 시키고 학원을 보내는 이유가 아이에게 학문의 즐거움을 알게 해주기 위해서인가요? 그보다는 남들보다 공부를 좀 더 잘하고, 좋은 대학에 가서, 남들보다 더 많은 돈을 벌기를 원해서일 겁니다. 돈, 돈, 돈 하는 부모 밑에서 자란 아이는 결국은 돈, 돈, 돈 하면서 살게 될 수밖에 없습니다.

저 역시 잘 알고 있습니다. 훗날 아이가 원하는 걸 뒷받침해줄 경제적 능력이 없다면 부모로서 얼마나 속상할지. 하지만 좋은 부모는 아이가 원하는 것을 해주는 부모가 아니라 원하는 것을 스스로 얻을 수 있도록 도와주는 부모입니다. 아이보다 오래 살 수 있는 부모는 거의 없습니다. 모든 것을 부모가 해주는 아이는 결코 행복하게 살 수 없습니다. 행복은 스스로 자신의 삶을 능히 꾸려갈 수 있다는 자존감이 바탕이 되게 마련이니까요.

아이의 행복을 위해 가장 중요한 것은 아이의 자존감입니다. 부모의 역할은 아이의 자존감을 만들어주는 것이어야 합니다. 한 사람의 자존감은 자신이 누군가로부터 사랑받을 수 있는 존재라는 분명한 자각에서 옵니다. 자존감이 충만한 사람들의 공통점은 어린 시절 부모로부터 깊은 관심과 따뜻한 애정을 받았다는 사실입니다. 부모의 관심과 애정은 비싼 장난감을 사주고 비싼 유치원을 보내주는 것이 아닙니다. 진정한 관심과 애정은 돈으로 살 수 없지요.

3. 아이에게 돈을 잘 벌 수 있는 기술을 장착시켜주는 부모가 아니라 돈이 없어도 행복하게 살 수 있는 자존감을 심어주는 부모가 진정으로 훌륭한 부모입니다. 아이의 행복을 위해 해야 할 것은 맞벌이가 아니라 아이와 함께 있어주는 것입니다. 많은 현실적인 문제들에도 불구하고 말입니다. 볼멘소리를 할 필요는 없습니다. 원래 부모가 되는 것이 쉽지 않은 일이니까요. 너무 늦지 않았으면 좋겠습니다. 아이가 원할 때 옆에 있어주지 못하면 그 자리는 결국 다른 것이 차지할 수밖에 없습니다.

얼마 전, 맞벌이를 하는 친구에게 아이를 위해 부모 둘 중 하나는 직장을 그만두라고 말한 적이 있습니다. 그래서 그 친구는 집에 가서 아이에게 물어봤답니다. "엄마가 집에 있었으면 좋겠어?"라고요. 아이는 "아니! 엄마가 집에 있으면 내 장난감 못 사주잖아"라고 답했답니다. 혼자 있는 시간이 길어진 그 아이의 곁에는 이미 엄마가 아니라 장난감, 아니 정확히는 돈이 들어선 것입니다. 이보다 더 불행하고 절망스러운 일이 있을까요?

엄마와 함께하는 시간이 얼마나 행복한지 모르는 아이가 원하는 것은 결국 돈일 수밖에 없습니다. 아이는 직감적으로 압니다. 자신을 두고 엄마가 직장을 나가는 이유가 결국 돈이라는 사실을. 그렇게 자란 아이는 결국 돈이 곧 행복이라고 믿게 될 수밖에요. 그렇게 자란 아이는 누군가를 진심으로 사랑할 수도 없을 겁니다. 또 그 아이가 자라 부모가 되었을 때도 자신의 아이에게 진정한 행복을 가르쳐줄 수도 없을 겁니다. 서글픈 불행의 대물림이지요.

정말 아이가 행복하기를 원한다면, 많은 현실적인 문제에도 불구하고 아이를 혼자 있게 두지 마세요. 엄마의 심장 소리를 느끼게 해주세요. 엄마와 함께한 행복한 추억을 많이 남겨주세요. 그렇게 자란 아이는 행복한 추억의 힘으로 거친 세상을 헤쳐 나갈 테니까요. 그것이 아이를 진심으로 사랑하는 방법이라고, 그것이 아이가 행복해지는 방법이라고 저는 믿고 있습니다.

Q 아이들 미래 때문에 직장을 그만둘 수가 없어요

울산에 사는 서른네 살 직장인입니다. 더 늦기 전에 꼭 해보고 싶은 일이 있어서 직장을 그만두려고 나름대로 준비를 했는데, 얼마 전 덜컥 둘째가 생겼습니다. 태어날 아이에게는 정말 미안하지만 갑자기 앞이 깜깜해졌습니다. '아, 이제 아무것도 못해보고 그냥 월급쟁이로 눌러 앉아야 하나?' 하는 생각도 들고, 첫째를 키우며 들어갔던 돈만큼 다시 또 들어가야 한다고 생각하니 도저히 회사를 그만둘 엄두가 나지 않습니다. 특히 늦은 밤 퇴근을 해서 첫째아이가 자고 있는 것을 보면 '그냥 딴생각 말고 직장을 다녀야 하나?' 하는 생각이 듭니다. 어찌해야 할까요?

A '좋아하는 일을 하고 싶다'는 마음을 내려놓지 마세요

1. 가장이라는 책임감, 세상에 그보다 더 무거운 것도 없을 겁니다. 그리고 미래에 대한 걱정 중 제일 큰 것이 아마 자녀에 관련된 걸 겁니다. 나 혼자 고생하는 것은 상관없지만 내 선택으로 인해 자식까지 고생을 해야 한다면 그 선택이 아무리 훌륭한 선택이었다 할지라도 일말의 후회가 남지 않을 도리가 없습니다. 게다가 둘째까지 생겼으니 직장을 그만두고 삶의 변화를 모색하는 것이 어찌 고민스럽지 않을 수 있을까요?

저도 두 아이의 아버지로서 종종 자식에 관한 고민을 하곤 합니다. 그럴 때면 저의 유년시절로 돌아가 보곤 하지요. 부모의 시선이 아니라 아이들의 시선으로 자녀들의 문제를 바라보는 것이 중요하다는 생각 때문입니다. 중요한 것은 부모가 아니라 아이의 행복이니까요.

저는 어렸을 때 부모 세대로부터 듣기 싫은 말이 있었습니다. "너는 나처럼 살지 말거라" 하는 것이었습니다. 본인은 후회스러운 삶을 살았지만 자식만은 그렇게 살지 않았으면 하는 간절한 바람이었겠지요. 지독하게 가난한 삶을 살아내었던 아버지는 "너는 나처럼 가난하게는 살지 말거라" 했고, 매일 반복되는 직장인의 삶을 살다가 정리해고를 당한 아버지는 "너는 나처럼 월급쟁이로 살지 말거라" 했고, 오직 돈을 벌기 위해 물불 가리지 않고 일했던 아버지는 "너는 나처럼 돈만 버는 삶을 살지 말거라" 했습니다.

가난했던 아버지는 자식들이 돈을 잘 벌기를 원했고, 월급쟁이 아버지는 자식들이 안정적인 직업을 갖기를 원했고, 부자 아버지는 자식들이 의미 있는 일을 하기를 원했던 것입니다. 자신의 삶에서 후회되는 부분을 자식들이 반복하지 않고 자신보다 더 행복한 삶을 살기를 소망한 것이겠지요. 하지만 이런 아버지를 둔 아이는 정말 자라서 아버지보다 행복한 삶을 살게 될까요? 불행하게도 아닐 겁니다.

부모의 가장 큰 착각 중 하나는, 아이가 부모의 앞모습을 보고 자랄 거라는 생각입니다. 하지만 아이는 부모의 뒷모습을 보고 자랍니다. 부모의 앞모습이란 그들이 하는 '말'이고, 뒷모습은 '행동'입니다. '너는 이렇게 살거라' 혹은 '이렇게 살지 말거라' 하는 부모의 말은 사실 아무 의미도 없습니다. 아이는 부모의 뒷모습, 그러니까 그들의 행동을 보고 자라니까요.

매일 집에만 오면 텔레비전을 끼고 사는 아버지가 '텔레비전 보지 말고 책 좀 읽어라' 한다고 아이들이 책을 읽을까요? 돈을 벌기 위해 매일 야근에다 주말 특근까지 하는 아버지가 '세상에는 돈보다 소중한 것이 많단다' 입버릇처럼 말한다고 아이들이 정말 돈보다 소중한 것이 세상에 많다고 믿게 될까요? 그런 일은 결코 일어나지 않습니다. 매일 텔레비전을 보는 아버지를 보고 자란 아이는 텔레비전 안에 행복이 있을 거라고 믿게 될 것이고, 돈을 벌기 위해 밤낮 일만 하는 아버지를 보며 자란 아이는 돈 안에 행복이 있을 것이라고 믿게 됩니다.

저 역시 아이들을 잘 키우고 싶습니다. 하지만 고민 주신 분의 말씀처럼 '남부럽지 않게' 키우고 싶지는 않습니다. '남부럽지 않게'라는 건 결국 친구들과 비교하면서 열등감 혹은 우월감을 느끼는 존재로 키운다는 말 아닌가요? 이런 의미에서 '남부럽지 않게' 아이를 키우는 것은 오히려 불행하게 키우는 것입니다. 아이들에게 우월감을 느끼게 해주고 싶어서 '남부럽지 않게' 키우지만, 우월감은 필연적으로 열등감을 동반할 수밖에 없습니다. 나보다 더 '남부럽지 않게' 키우는 부모들이 늘 있게 마련이니까요.

그렇다면 이제 자식들을 잘 키울 수 있는 방법이 나온 것 같습니다. 간단합니다. 자식들이 '이리 살았으면 좋겠다'는 삶을 바로 부모가 살아내면 됩니다. 자식들이 사람들 눈치 보면서 이리저리 흔들리며 살기를 바란다면 부모가 그리 살면 됩니다. 자식들이 항상 돈, 돈, 돈 하면서 살아가기를 원한다면 부모가 그리 살면 됩니다.

2. 아이들이 걸려서 직장을 그만두기가 주저된다고 하셨지요? 그것도 결국은 아이를 행복하게 해주고 싶은 것이지요? 그렇다면 답이 나왔습니다. 직장을 그만두고 싶은 이유가 본인이 행복해지고 싶어서라면 그만두세요. 그건 결코 이기적인 것이 아닙니다. 앞서 말씀드린 대로 부모가 행복한 삶을 살 때 아이도 행복한 삶을 살게 될 테니까요.

훌륭한 아버지란, 돈을 많이 벌어서 남부럽지 않게 자식을 키우는 아버지가 아니라 스스로 행복한 삶을 살아내는 아버지입니다. 아이가 행복하기를 원한다면 우선 아버지 본인부터 행복해져야 합니다. '아이의 행복을 위한 돈을 벌기 위해 나는 불행한 삶을 살아도 상관없다'는 말은 거짓과 위선입니다. 결과적 의미에서 거짓이고, 원인적 의미에서 위선입니다.
결과적 의미에서 아버지가 불행한 삶을 산 대가로 돈을 번다고 해도 아이는 행복지지 않습니다. 그저 아이도 돈, 돈, 돈 하면서 크게 될 뿐이지요. 또 원인적 의미에서 보면 자식을 위해 돈을 버는 불행한 삶을 살았다기보다는 좋아하는 일을 하며 돈을 벌 수 있는 용기와 의지가 없었던 쪽에 가까울 겁니다. 그러니 결과적으로 거짓이며, 원인적으로 위선이지요. 가족들을 위해 살지 않은 것은 아니지만 그렇다고 지금 겪고 있는 모든 답답하고 불행한 삶이 전적으로 가족들 때문인 것은 아니지요. 이것이 우리 시대 아버지들의 정직한 맨얼굴입니다.

직장을 그만두세요. 좋아하는 일을 하세요. 태어날 둘째아이 때문에 준비해야 할 것이 있다면 직장에 조금 더 머물면서 준비를 하면 됩니다. 하지만 결코 '좋아하는 일을 하고 싶다'는 마음을 놓아버려서는 안 됩니다. 물론 압니다. 그 길을 가는 데 있어서 많은 현실적인 어려움이 많을 거란 사실을. 불확실하고 불안한 미래에 전혀 주눅이 들지 않을 가장이 어디 있을까요?

하지만 저는 그 모든 난관과 문제를 모두 이겨내고 마침내 좋아하는 일을 하며 살게 되셨으면 좋겠습니다. 자신을 위해서는 물론 이제 태어날 아이를 위해서도 말입니다.

아이 역시 자라면서 수많은 어려움과 난관을 겪게 될 것입니다. 그때 아이는 자신이 보고 자란 근사하고 멋진 아버지의 뒷모습을 떠올리며, 당당히 맞서 싸우겠지요. 행복한 사람은 누구도 알 수 없는 불안정하고 불확실한 미래를 긍정하며 당당하게 맞서 싸우는 사람입니다. 아이를 행복한 사람으로 키우고 싶다면 먼저 그런 행복한 사람이 되세요! 그 모습을 보며 아이 역시 성장해 갈 겁니다. 저 역시 아이와 함께 그렇게 성장해 가고 싶습니다. 응원하겠습니다.

Q 중소기업 이직을 아내가 반대합니다

대기업에서 근무한 지 9년째 되는 H입니다. 지난 9년 동안 행복했던 적이 거의 없었습니다. 내성적인 성격 탓에 사람들과 어울리는 것이 불편한데 직장은 늘 사람들과 어울리기를 원했고, 성과에 대한 압박에도 시달렸습니다. 그런데 얼마 전 정리해고가 시작되면서 친하게 지내던 동료가 짐을 쌌습니다. 그때 마침 중소기업을 운영하는 지인이 함께 일하자는 제안을 해왔습니다. 급여는 좀 적지만 정시 퇴근에다 성과에 대한 압박도 훨씬 덜한 곳입니다. 문제는 아내가 완강하게 반대를 하는 것입니다. 심지어 '자기만 생각하는 이기적인 사람'이라고까지 이야기하면서 다툼이 부쩍 잦아졌습니다.

A 진짜 사랑하는 사람과 살고 있는지 돌아보세요

1. '힘들 때 기댈 곳은 가족뿐이다'라는 말이 항상 옳은 것은 아닙니다. 우리의 삶에서는 오히려 그 반대인 경우가 훨씬 많지요. 특히 경력을 전환할 때 가장 큰 걸림돌이 바로 가족입니다. 그중에서도 단연 아내지요. 우선 저는 H씨에게 두 가지 질문을 해보고 싶습니다. "아내를 정말 사랑하세요?" 그리고 "아내는 정말 H씨를 사랑하는 것 같으세요?" 문제의 핵심은 '지금 사랑하는 사람과 살고 있느냐?' 하는 것이기 때문입니다.

안타깝게도 오늘날의 결혼생활은 일종의 계약관계처럼 되어버린 것 같습니다. 맞선을 주선해주는 회사에는 사람마다 등급이 있습니다. 그 등급은 연봉, 집안, 학력, 외모 등등 외적인 조건에 의해 정해지죠. 각박한 세상이라 혀를 찰 필요도 없습니다. 우리 역시 결혼을 할 때 그 사람의 조건, 정확히는 경제적 능력을 아주 중요하게 생각하니까요. 좋아하는 사람이 우연히 삼성전자를 다니는 것이 아니라 삼성전자를 다니는 사람의 좋은 점을 끝끝내 찾아내는 것이 지금 우리의 적나라한 맨얼굴입니다.

H씨의 아내는 왜 이직을 반대할까요? 심지어 H씨를 이기적인 사람이라고까지 매도하면서. 아내는 지금 H씨가 계약 위반을 한다고 생각할 것입니다. 대놓고 표현은 하지 않았지만 대기업을 다니는 H씨의 경제적 능력은 결혼을 하는 데 아주 중요한 조건이었을 겁니다. 그런데 느닷없이 연봉이 팍 줄어드는 중소기업으로 옮기겠다고 하니, 이기적으로 보일 수밖에요. 물론 처음부터 서로의 조건을 보고 결혼한 것은 아닐 수도 있겠지요. 하지만 그렇다 하더라도 어느 순간 사랑이 식고, 그 자리에 돈이 들어서게 된 것까지 부정할 수는 없습니다. 사랑하는 사람과 사는 것이 아니라 각자의 역할을 충실히 수행해내는 사람과 살게 된 것이지요.

아내가 정말 H씨를 사랑한다면 지금처럼 힘들어하는 모습을 보고 먼저 이직을 권유했을 겁니다. "돈 조금 덜 벌면 어때, 괜찮아"라고 말하면서요. 서로를 진심으로 아끼는 부부들은 다들 그렇게 살고 있습니다. 맞벌이를 하느라 힘들어하는 아내에게 자신이 더 열심히 할 테니까 직장을 그만두라고 하고, 직장생활에 지칠 대로 지친 남편에게 돈은 조금 덜 벌어도 되니까 다른 일을 하라고 권합니다. 사랑은 언제나 스스로 더 많은 짐을 지려고 하는 것이니까요.

2. 아내를 설득하려고 하지 마세요. 무슨 이야기를 한들 설득하기 어려울 겁니다. 아내 입장에서는 지극히 당연한 반응을 보이고 있는 것이니까요. 그렇다면 어찌해야 할까요? 가장 먼저 해야 할 일은 스스로에게 진지하게 질문을 하는 것입니다. '나는 정말 아내를 사랑하고 있을까?' 그리고 그 질문에 대한 답을 할 수 있게 되었다면, 하루 날을 잡아 아내와 함께 식사를 하면서 진지하게 물어보세요. "당신 정말 날 사랑해?"

많은 어색함과 불편함에도 불구하고 여기까지 왔다면, 이제 그에 대한 답에 따라 YES/YES, YES/NO, NO/YES, NO/NO인 네 가지 경우가 나올 겁니다. YES/YES는 서로가 여전히 사랑하는 경우이고, YES/NO는 남편은 사랑하지만 아내는 사랑하지 않는 경우, NO/YES는 남편은 사랑하지 않고 아내만 남편을 사랑하는 경우, NO/NO는 서로가 사랑을 하지 않는 경우입니다. 그런데 지금의 정황을 보면 아내가 H씨를 사랑하는 YES/YES나 NO/YES의 경우는 제외해도 될 것 같습니다. 만약 아내가 진심으로 남편을 사랑한다면 돈을 전혀 벌어오지 않겠다는 것도 아니고 급여가 조금 낮은 직장으로 옮기는 것을 끝까지 반대할 일은 없었을 테니까요. 그렇다면 우리가 집중해야 할 상황은 YES/NO와 NO/NO로 좁혀지게 됩니다.

우선 YES/NO인 경우, 그러니까 H씨는 아내를 여전히 사랑하지만 아내는 그렇지 않은 경우라면 어떻게 할까요? 그럴 때는 그냥 지금 직장을 다니세요. 지금 삶이 너무 힘들고 답답하더라도 견뎌내시면 됩니다. 아무리 추운

겨울날이라 하더라도 사랑하는 사람이 떨고 있다면 기꺼이 입고 있던 옷을 벗어주게 되지 않을까요?

NO/NO인 경우는 어찌해야 할까요? 서로가 서로를 사랑하지 않는 것을 적나라하게 확인하게 되었다면, 원론적으로는 헤어져야 합니다. 서로에 대한 기본적인 배려가 남아있다면 남매처럼, 오누이처럼, 동지처럼 그렇게 서로를 이해하며 살아갈 수 있을 겁니다. 이것이 마지막 희망입니다. 하지만 서로에 대한 마지막 배려조차 남아있지 않고 단지 차가운 계약관계를 유지하고 있는 것이라면 남은 선택지는 이별밖에 없습니다. 안타깝고 힘든 일이지만 이별을 해야 합니다. 서로를 위해서 말입니다.

물론 아프고 잔인한 이 고민을 그냥 덮어둔 채 지금의 직장을 계속 다니거나 이직을 하는 등 대충 미봉하며 살 수 있을지도 모릅니다. 하지만 그렇게 미봉한 문제는 더 심각한 문제로 터져 나올 겁니다. 어떤 선택을 하든 한 사람은 피해의식을 갖고 살아가게 될 테니까요. 직장을 다니는 선택을 하게 되면 H씨는 '아내 때문에 이직도 못하고 이 불행한 삶을 살고 있는 거야'라고 생각할 테고, 반대로 이직을 하게 되면 아내는 '남편이 저 하고 싶은 대로 하고 사니까 나는 생활비에 쪼들리잖아'라고 생각할 테니까요. 그런 피해의식은 시간이 지날수록 서로에 대한 불만과 증오로 이어질 수밖에 없습니다. 작은 행동도 마음에 들지 않을 것이고 결국은 사소한 일에도 짜증과 화를 내며 살 수밖에 없을 겁니다. 대부분의 불행한 부부들처럼 말입니다. 자신의 잘못을 지적할 준비가 되어 있는 사람과 함께 사는 것보다 확실한 불행은 없습니다.

이직의 문제는 본질적인 질문에 대한 하나의 피상적인 현상일 뿐입니다. 두렵고 힘들다고 해서 문제의 본질을 은폐하고 덮어두어서는 안 됩니다. 어떤 문제든 당당하고 용기 있게 직면할 때 문제 해결의 실마리가 보입니다. 지금 H씨에게 정말 필요한 것은 주어진 보기 중에서 어떤 선택을 하는 것이 아니라 자신의 진짜 문제에 직면할 수 있는 용기입니다.

그렇게 용기를 낼 수 있다면, 지금의 문제를 극복할 수 있을 겁니다. 해결책은 사실 간단하지요. 아내를 사랑한다면 아내가 원하는 것을 해주면 되고, 아내를 사랑하지 않는다면 이별하면 됩니다. 너무 잔인한 해결책이라고 생각하실 수도 있습니다만, 다행스럽게도 마지막 남은 대안이 하나 있기는 합니다. 서로에 대한 사랑이 식은 부부의 마지막 희망은 성숙에 있습니다. 오직 성숙한 사람만이 사랑하지 않는 사람도 배려할 수 있기 때문입니다.

하지만 이것 역시 쉽지 않을지도 모릅니다. 진정으로 성숙한 사람은 드물기 때문입니다. 직장을 다니기도, 아내와 이별하기도 힘들다면 이제 마지막 질문을 스스로에게 던질 차례입니다. '나는 사랑하지 않는 사람을 위해 기꺼이 희생을 감당할 수 있는 성숙한 사람인가?' '아내는 사랑하지 않는 사람을 위해 기꺼이 희생을 감당할 수 있는 성숙한 사람인가?' 이 질문에 대한 답이 마지막 희망이 될 겁니다. 선택은 오롯이 H씨의 몫입니다.

Q 일 때문에 결혼이 미뤄지고 있어요

저는 은행에서 일하고 있는 직장인입니다. 제 고민은 결혼을 약속한 남자친구에 관한 것입니다. 남자친구는 "지금은 너무 바쁘니 승진한 뒤에 결혼하자"라고 합니다. 취업을 하기 전에는 취업만 하면 하자고 하더니 이제는 승진하면 하자고 결혼을 자꾸 미룹니다. 결혼을 한 뒤에는 함께 있는 시간을 많이 가지고 싶은데, 지금은 결혼해도 그럴 수 없을 것 같다고 하면서요. 저는 사실 조금 바빠도 상관이 없는데, 그냥 기다려야 할까요?

A 사랑할 자격이 있는 사람인지 먼저 살펴야 합니다

1. 간단한 문제니까 결론부터 갈게요. 그냥 헤어지세요. 남자친구는 질문하신 분과 결혼할 마음이 없거나 아니면 결혼을 할 자신이 없는 거예요. 어느 경우든 남자친구는 본인을 사랑하지 않는 것으로 보입니다. 결혼할 마음이 없는 경우라면 당연히 본인을 사랑하지 않는 것이고, 결혼할 자신이 없는 것도 마찬가지예요. 누군가를 진심으로 사랑하면 결혼이 아니더라도 그 사람과 함께할 수 있다는 자신감이 생기게 되어 있어요. 따라서 지금 남자친구는 누군가를 사랑을 하거나 결혼할 만큼 성숙한 사람이 아닌 거예요.

'결혼하면 함께 있는 시간을 많이 가지고 싶은데, 그럴 수 없어서 결혼을 미루자'라는 말은 헛소리입니다. 직장인이라면 누구나 알고 있습니다. 직장을 다니면 다닐수록 시간이 더 없어졌으면 없어졌지 여유가 더 생기는 법은 없다는 사실을요. 승진을 하면 해야 할 일과 져야 할 책임이 더 많아 질 테니 당연히 더 바빠지겠죠. 남자친구도 다 알고 있습니다. 아프겠지만, 남자친구를 정리하세요. 만약 꾸역꾸역 결혼을 하게 되면 더 심각한 상황 이 펼쳐질 테니까요.

2. 남자친구와 헤어져야 하는 더 중요한 이유가 있습니다. 왜 선택을 당하 려고 하세요? 남자친구와 결혼하고 싶다면 먼저 이야기하세요. "바빠도 괜 찮으니 일단 결혼하자"고. 그런데 그런 말씀은 못하시잖아요. 자존심도 상 하고 상처받기 싫어서. 저는 지금 남자친구와 결혼하고 싶은 이유가 매우 의심스러워요. 정말 사랑하기 때문인지, 아니면 기대고 의지할 사람을 마 련하고 싶은 건지 잘 모르겠어요. 남자친구가 결혼을 망설이고 있다면 여 자친구의 그런 의존성이 부담스러워서일 수도 있어요. 본인의 삶에도 자신 이 없는데 책임져야 할 혹까지 하나 더 달아야 한다는 부담감 때문에 결혼 을 미루고 있는 것일지도 모른다는 거죠.

혹여 사랑하기, 때문이 아니라 자신을 의탁할 누군가를 마련한다는 심정 으로 결혼을 바라시는 거라면 빨리 헤어지세요. 그런 식으로는 누구와 결 혼을 해도 행복해질 수가 없어요. 누군가와 사랑을 할 수 있는 자격이 있 는 사람은 스스로 당당하게 홀로 설 수 있는 사람뿐입니다. 당당하게 홀 로 설 수 없는 사람이 하는 사랑은 자발적 복종의 다른 이름일 뿐입니다. 고민주신 분의 진짜 불행은 지금 남자친구와 이별하는 것이 아닙니다. 운

좋게(?) 자신에게 복종할 여자를 찾는 남자를 만나게 되는 것이 진짜 불행의 서막이 될 거예요. 그렇게 의탁할 남자와의 결혼은 결코 행복할 수가 없습니다. 한때 '취집'이라는 말이 유행한 적이 있습니다. 취업이 안 되어서 시집을 간다는 뜻이죠. 그렇게 취집을 하게 된 사람은 행복할까요? 그런 일은 없습니다. 돈을 벌지 못한다는 것 때문에 늘 주눅이 들어 있을 것이고, 당연히 남편의 눈치를 보며 살 수밖에 없겠지요.

취집이 경제적 의탁의 경우라면 능동적으로 살지 못하는 것은 정서적 의탁이라고 할 수 있습니다. 누군가에게 의지해서 살고 싶다는 생각에 사로잡힐 때 주체적이고 능동적인 삶은 요원한 것입니다. 좋아하는 사람이 있다면 먼저 좋아한다고 말하세요. 그리고 그 사람이 싫어지면 싫다고 먼저 말하세요. 결혼하고 싶은 사람이 있다면 기다리지 마시고 먼저 결혼하자고 말하세요. 그렇게 누구를 만나더라도 간택을 바라는 노예가 아니라 먼저 당당하게 선택하는 주인으로 사셨으면 좋겠습니다.

은근히 맞벌이를 바라는 남편, 어떻게 해야 할까요?

저는 맞벌이를 5년간 해온 워킹맘입니다. 그런데 요즘은 일을 하기 위해 가정이 있는 건지, 가정을 위해 일을 하는 건지 잘 모르겠습니다. 지금껏 일할 만큼 했으니 이제는 아이들을 키우며 전업주부로 살고 싶습니다. 경제적인 상황이 조금 걱정되긴 하지만 남편의 수입으로도 충분히 행복하게 살 수 있다고 생각합니다. 그런데 남편은 아직은 조금 더 벌어야 한다며 은근슬쩍 맞벌이를 강요합니다. 어찌해야 할까요?

남편의 돈 중독증을 먼저 해결해야 합니다

남편은 불안한 겁니다. 돈이 없으면 곧 불행해질지도 모른다고 생각하기 때문이지요. 사실 한국 사회에서 맞벌이를 한다는 것은 정상적인 가정생활을 할 수 없다는 것을 의미합니다. 매일 정신없이 쏟아지는 업무를 처리하느라 늦은 퇴근은 기본이고, 집에 돌아오면 파김치가 되어 널브러지는 일상의 연속이 직장인의 현실입니다. 그런데 부부가 모두 그런 생활을 한다면, 그 가정을 어찌 정상이라고 할 수 있을까요?

전업주부로 살겠다는 것은 훌륭한 선택입니다. 기껏해야 사장에게 돈벌어주는 직장의 일보다 훨씬 중요한 일입니다. 다만 아쉬운 것은 남편의 반응인데, 그 문제는 시간이 조금 걸릴 것 같습니다.

텔레비전에 중독된 아이는 당장 텔레비전이 없어지면 초조해하고 불안해하고 짜증을 내곤 합니다. 하지만 그런 아이도 텔레비전이 없는 생활에 익숙해지면 텔레비전 없이도 얼마든지 즐겁게 놀 수 있다는 사실을 발견하게 됩니다.

말하자면 지금 남편은 텔레비전이 아니라 돈에 중독된 것입니다. 이 시대를 사는 대다수의 사람들처럼. 텔레비전에 중독된 아이는 딱히 볼 프로그램이 없어도 항상 텔레비전을 켜둡니다. 그래야 정서적으로 안정되기 때문입니다. 마찬가지로 돈에 중독된 사람은 딱히 돈을 써야 할 곳이 없어도 일단 돈을 벌어야 합니다. 그래야 정서적으로 안정되기 때문입니다. 지금 남

편에게 필요한 것은 시간입니다. 수입이 절반으로 줄었을 때 느껴지는 근거 없는 불안감, 초조함을 감내할 수 있는 시간이 필요합니다.

그렇게 시간이 지나면 남편은 자연스럽게 알게 될 겁니다. 아내가 집에 있는 것이 얼마나 행복한 삶인지 말입니다. 아이는 점점 밝아지고, 일찍 퇴근하고 돌아온 날 가족들이 다 같이 모여 도란도란 이야기하며 저녁식사를 하는 행복한 경험을 충분히 하게 되었을 때야 비로소 남편은 돈 중독증에서 빠져 나올 수 있을 겁니다. 분명한 필요에 의해서 돈을 버는 것이 아니라 그저 막연하게 돈이 없을 때 느껴지는 불안함, 초조함은 반드시 극복해야 합니다. 맞벌이를 그만두는 것은 그 불안함과 초조함을 극복하는 좋은 계기가 될 겁니다.

물론 돈을 전혀 벌지 않아도 된다는 이야기를 하려는 것은 아닙니다. 텔레비전 중독의 완전한 치료는 텔레비전을 완전히 보지 않게 되는 것을 의미하지 않습니다. 꼭 필요하거나 보고 싶은 프로그램이 있다면 보고, 그렇지 않을 때는 자발적으로 텔레비전을 끌 수 있게 되는 것이 바로 중독증의 완전한 치료입니다. 돈 중독증 역시 마찬가지입니다. 돈을 완전히 포기하고 사는 것이 돈 중독증의 치료가 아니라 자신이 필요한 만큼 돈을 벌고 나머지는 자발적으로 TV를 끄듯이 돈 버는 것을 포기하는 것이 바로 돈 중독증의 완전한 치료입니다.

여기서 중요한 것은 돈 중독증을 치료하려면 먼저 필요 이상의 돈이 없어져봐야 한다는 겁니다. 텔레비전 중독증을 치료하기 위해 일단 텔레비전을 치워버리는 것처럼 말입니다. 그리고 돈이 조금 부족해도 그렇게 불행한 삶이 아니라는 것을 직접 느끼고 경험해볼 필요가 있습니다. 그런 느낌과 경험이 조금씩 쌓일 때 남편은 돈에 대해 막연하게 불안하고 초조해지는 일은 점점 줄어갈 겁니다. 그렇게 조금씩 시간이 지나다 보면 자연스럽게 맞벌이를 은근히 강요하는 일도 없어지게 되겠지요.

아이의 텔레비전 중독증을 고치기 위해 필요한 건 당장 텔레비전이 없어졌을 때 불안해하고 초조해하고 짜증을 내는 아이를 묵묵히 기다려주는 부모의 인내심입니다. 마찬가지로 지금 아내가 해야 할 일은 수입이 줄었다고 불안해하고 초조하고 짜증을 내는 남편이 돈 중독증을 극복할 수 있을 때까지 충분한 시간을 기다려주는 인내심일 겁니다. 모든 일에 시간이 걸리듯 사람 역시 하루아침에 바뀌지 않으니까요.

Q 준비 없는 남편의 창업, 어떻게 해야 할까요?

결혼 5년 차 주부입니다. 남편은 6년 차 공무원인데, 많지는 않지만 지금의 수입으로 충분히 행복한 삶을 꾸려가고 있습니다. 문제는 남편이 공무원 생활을 하고 싶어 하지 않는다는 거예요. 어느 날은 유럽 여행을 가고 싶다고 했다가, 또 어느 날은 경찰이 되고 싶다고 했다가, 또 어느 날은 작가가 되고 싶다고 합니다. 그런데 요즘은 창업을 하고 싶다고 자주 말합니다. 제가 보기엔 너무 즉흥적이고 별 준비도 없이 창업을 하려는 것 같아서 걱정이 이만저만이 아닙니다. 요즘은 남편이 덜컥 직장을 그만둘까 봐 가슴이 조마조마합니다.

A 성공하든 실패하든 일단 하라고 해주세요

1. 우리는 때로 가장 가까운 사람에 대해 오해를 하곤 합니다. 한마디로, 과소평가하는 경우가 많습니다. 어떤 사람이 기존의 삶의 관성을 버리고 새로운 삶을 시작하려고 할 때, 가까운 사람들은 부모나 형제, 아내라는 이름으로 "너는 그런 일을 할 만한 사람이 아니야"라는 이야기를 너무 쉽게 하곤 합니다. 물론 가까운 사람들의 판단은 충분히 객관적일 수 있습니다. 누구보다 가까이서 그 사람의 삶의 방식을 오랫동안 지켜보았으니까요.

직장을 그만두고 창업을 하려는 사람이 있다고 가정해보지요. 부모, 형제, 아내가 "넌 창업을 할 사람이 못 돼!"라고 말한다면, 그 이유는 그가 창업할 역량이 못 된다고 판단했기 때문일 겁니다. 그런 판단의 근거는 바로 그 사람의 과거입니다. 어렸을 때부터 무슨 일을 해도 끈기가 없고, 제대로 뭔가 딱 부러지게 해내는 모습을 보이지 못했기 때문이겠지요. 그런 면에서는 부모나 형제, 아내의 판단은 나름 객관적이라고 할 수 있을 겁니다. 한 사람의 '지금'은 결국 '과거' 행동의 누적이니까요.

그런데 여기에는 치명적인 문제가 있습니다. 과거는 분명 현재의 모습에 영향을 미치지만 미래에까지 영향을 미치지는 못합니다. 그러니까 과거의 모습을 보고 현재의 모습은 일정 정도 판단할 수 있지만 과거를 보고 미래의 모습까지 판단할 수는 없다는 겁니다. 어제까지 게으르게 살아왔던 사람이 당장 오늘부터 부지런하게 살기로 마음먹는다면 어떻게 될까요? 만일 그 사람이 정말 오늘부터 부지런하게 산다면 내일은 정말 부지런한 사람이 되어 있을 겁니다.

한 사람의 과거 모습을 기준으로 그 사람의 미래를 쉽게 판단하는 것은 일종의 운명론적인 생각입니다. '너는 10년 동안 게으르게 살았으니 태어날 때부터 죽을 때까지 게으르게 살 수밖에 없는 놈이야'라고 규정을 해버리는 것이지요.

어제까지 어떻게 살았든 우리 모두에게는 오늘이라는 기회가 있습니다. 그리고 그 오늘을 어제와 다르게 살아낸다면 우리의 미래는 전혀 다른 삶이 될 겁니다. 부모, 형제, 아내라는 이유로 자식, 동생, 남편이 변화할 수 있는 오늘이라는 기회조차 없는 사람으로 치부해서는 안 됩니다. 그가 변화하고 성장할 수 있는 가능성을 애초에 부정해버리는, 폭력에 다름 아닙니다.

2. 남편이 창업을 하고 싶다고 하면 하게 해주세요. 물론 잘 안 될 겁니다. 세상살이가 쉽지 않은 탓도 있을 테고, 남편이 어떤 선택을 함에 있어서 가벼워 보이는 것도 일정 정도 사실일 테니까요. 지금 아내는 사회가 녹록치 않다는 사실도 어느 정도 알고 있을 겁니다. 또 남편과 함께 살아오면서 남편의 가벼움에 대해서도 누구보다 잘 알고 있을 것이고, 바로 그 때문에 걱정을 하시는 것일 테지요. 그런데 사회가 아무리 힘들어도 창업이건 꿈이건 그것을 이루는 사람은 반드시 있게 마련입니다.

그렇다면 어떤 사람이 창업에 성공할까요? 그것은 자신이 창업에 성공할 수 있다고 진심으로 믿는 사람입니다. 다른 일들도 마찬가지입니다. 꿈을 향해 달리기 시작할 때 자신이 정말 꿈을 이룰 수 있는 사람이라고 진심으로 믿는 사람은 분명 그 꿈에 가 닿을 수 있습니다. 물론 성공할 수 있다는 믿음만으로 모든 것이 다 잘 된다는 순진한 이야기를 하려는 것은 아닙니다. 당연히 운도, 끈기도, 노력도 필요하겠지요. 하지만 그런 운과 끈기, 노력은 그 일을 정말 할 수 있다고 믿는 사람에게만 유효하다는 사실을 놓쳐서는 안 됩니다.

시작할 때부터 될지 안 될지 모르겠다고 생각하는 사람의 끈기와 노력은, 집중력이 현저히 떨어집니다. 작은 좌절과 실패도 견뎌내지 못할 것이고, 갖가지 고됨을 버텨내면서 끝까지 노력하지도 못할 겁니다. 또 그런 사람은 기껏 찾아온 운도 늘상 비켜 지나갈 것입니다. 늘 포기할 준비를 하고 있을 테니까요. 창업이든 장사든 꿈이든, 성공의 핵심은 그 일을 할 수 있다는 굳건한 믿음입니다.

그렇다면 그 믿음, 그러니까 어떤 일을 할 수 있다는 근본적인 자신감은 어떻게 생길까요?

사람들이 흔히 자신감에 대해 오해를 하고 있는 것이 있습니다. 자신감은 내적인 것이라는 오해입니다. 한 사람의 자신감은 내적인 것이 아니라 분명히 외적인 것입니다. 그것은 정확히 주위 사람의 관심과 애정에서 기원합니다. '창업에 성공할 수 있다'는 굳건한 자신감을 가진 사람은 주위 사람으로부터 "넌 충분히 창업을 할 수 있는 사람이야!"라는 격려와 인정을 반복적으로 경험했던 사람입니다. 골방에 혼자 앉아 백날 "난 할 수 있다"고 떠들어봐야 돌아오는 것은 스스로에 대한 더욱 깊은 의구심뿐입니다.

어린 시절 부모로부터 애정과 관심이 듬뿍 담긴 인정과 칭찬을 많이 듣고 자란 아이는 무슨 일을 하든 긍정적인 자신감이 넘칩니다. 반면 '넌 뭘 해도 안 되는 놈이야!'라는 이야기만 듣고 자란 아이는 어딘지 모르게 위축되고 뒤틀어진 자괴감에 시달리게 됩니다. 그런 맥락에서 저는 질문 주신 분이 남편의 과거 모습 때문에 미래를 너무 성급하게 예단하지 마시고 남편의 오늘과 미래를 믿어주셨으면 좋겠습니다. 가장 가까운 사람이 자신을 믿어준다는 느낌은 정말 엄청난 자신감이 될 겁니다.

3. 이제 조금 더 현실적인 이야기를 해야 할 것 같습니다. 현실에서는 남편을 마냥 믿어준다고 해결되지 않는 부분이 엄연히 존재하니까요. 앞서도 말했지만 아내의 믿음, 그로 인한 남편의 자신감에도 불구하고 창업은 잘 안 될 겁니다. 아니 그럴 가능성이 높습니다. 몇 번의 시행착오와 실패

가 있겠지요. 하지만 시행착오와 실패는 너무나 당연한 것이고, 새로운 일을 제대로 배울 수 있다는 측면에서는 좋은 것입니다. 물론 시행착오와 실패가 생계를 위협할 정도가 되어서는 안 되겠지요.

따라서 "하고 싶은 일을 하는 것도 좋고, 또 나는 당신이 그 일을 정말 잘할 수 있다고 믿는다. 하지만 적어도 생계 걱정은 하지 않도록 해주어야 한다"는 이야기를 남편에게 분명히 하셔야 합니다. 자신이 원하는 인생을 사는 것이 무책임하게 사는 것은 아니라는 사실을 분명히 해야 합니다. 자신이 원하는 인생을 사는 것은 원하지 않는 인생을 사는 것보다 훨씬 무거운 책임을 지는 삶입니다. 월급쟁이는 사장이 시키는 일만 하면 월급이 나오지만 정작 사장은 누구에게도 지시를 받지 않지만 꼬박꼬박 월급을 줄 사람 또한 없습니다.

자신이 원하는 일을 하며 산다는 것은 직원이 아니라 사장으로 산다는 것을 의미합니다. 잊지 말아야 할 것은 자신이 원하는 인생을 사는 사람은 분명 사장이지만 그 사장의 삶은 직원의 삶보다 힘겹고 무겁다는 사실입니다. 사장은 얼마든지 자유롭게 살지만 그만큼 무거운 책임을 고스란히 질 수밖에 없지요. 자유와 책임은 언제나 함께 가니까요.

자유로운 만큼 책임을 져야 하고, 책임질 수 있는 만큼 자유로울 수 있습니다. 이 단순한 삶의 진리를 결코 잊어서는 안 됩니다. 남편이 좋아하는 일을 하는 것은 진심으로 응원하고 격려하지만, 남편에 대한 믿음의 문제와는 별개로 그 일을 함에 있어서 책임져야 할 일이 있다는 것은 분명히 해야 합니다.

조금 더 구체적으로 말하면, "직장을 그만두고 창업을 하더라도 한 달에 200만 원 또는 300만 원(최소한의 생활비)은 필요하다"고 단호하게 이야기를 해야 합니다. 새로운 삶을 시작하려는 남편에게 그 정도 삶의 높이는 만들어주어야 합니다. 진심으로 남편을 믿고 있다면 말입니다. 아내가 남편이 직장을 그만두는 것에 대해 걱정을 하는 이유는 결국 직장을 그만두면 다른 일을 해서는 돈을 벌 줄 모른다는 불신 때문입니다. 그러니 남편에게 직장을 떠나서도 생계를 유지할 수 있다는 충분한 능력이 있다고 믿어줍시다.

역설적이게도 그렇게 남편을 진심으로 믿어주면 오히려 남편은 당장 직장을 그만두지 않을지도 모릅니다. 진심어린 아내의 믿음을 보면서 지금 자신이 극복해야 할 모습 또한 적나라하게 보게 될 테니까요. 그리고 창업에 대한 준비가 전혀 되어 있지 않다는 사실을 깨닫고, 조금 더 직장을 다니면서 성공적인 창업을 할 수 있도록 차분히 준비하게 될 것입니다. 예전 어느 광고 카피처럼 정말 '남자는 여자 하기 나름'입니다. 우선 남편을 믿어주세요. '사랑한다'는 말은 '믿어준다'는 말과 일정 정도 같은 의미니까요.

 일 때문에 아이 갖는 것을 미루자는 남편, 어찌할까요?

결혼 5년 차 맞벌이 부부인데, 일을 하느라 아직 아이가 없습니다. 지나가는 아이들만 봐도 너무 예쁠 정도로 저는 아이를 갖고 싶은데 남편은 아직 돈을 더 벌어야 한다고 아이 낳는 것을 미루고 있습니다. 나이도 있고 해서 '조금 더 지나면 아이 낳는 것도 힘들어지지 않을까?' 하는 생각도 듭니다. 저는 일보다 아이가 중요하다고 생각하는데 남편은 그렇지 않은 것 같아요. 미래에 대한 걱정 때문에 아이 갖는 것을 미루는 남편, 어떻게 해야 하나요?

A 스스로 가난해질 수 있는 성숙한 사람이 되세요

1. 아이 낳지 마세요. 복잡하고 불확실한 세상이라 무엇이든 명확히 말할 수는 없지만 이것만은 분명히 알고 있습니다. 이 세상 모든 불행은 미성숙한 부모로부터 시작되었다는 사실 말입니다. 아직 성숙한 어른이 되지 못했다면 물리적 나이와 관계없이 부모가 되어서는 안 됩니다. 아내 입장에서는 서운하시겠지만 남편이 지금과 같은 상태라면 차라리 아이를 안 낳는 것도 방법입니다.

제가 보기에 남편은 아이를 낳았을 때 본인이 져야 할 경제적 혹은 정서적 부담이 두려운 겁니다. 그리고 그 두려움의 바탕에는 책임져야 할 다른 누군가를 원치 않는 미성숙이 있는 것이지요. 이건 성숙한 어른 또는 부모의 태도가 아닙니다. 성숙한 사람은 사랑을 할 수 있는 사람입니다. 그럼 사랑은 무엇일까요? 그것은 누군가를 위해 기꺼이 스스로 가난해질 수 있는 것입니다.

지금 남편은 누군가를 위해 스스로 가난해질 준비가 되어 있지 않은 것처럼 보입니다. 물론 아이를 낳은 뒤 자연스럽게 성숙한 어른이 될 수도 있겠지만 그건 너무나 위험한 선택입니다. 부모가 되어도 여전히 미성숙한 어른인 채로 남아있는 사람이 너무 많으니까요. 별일 아닌 일로 짜증을 내면서 아이에게 소리를 지르는 부모, 말끝마다 "너 그게 얼마짜린 줄 아니?"라고 다그치며 아이의 감정보다는 돈을 더 중요하게 생각하는 부모. 그런 미성숙한 부모가 주위에 얼마나 많던가요? 그런 부모 밑에서 자란 아이는 또 얼마나 불행할까요?

아이를 행복하게 키울 자신이 없다면 차라리 아이를 낳지 않는 것이 좋습니다. 남편은 먼저 누군가를 위해 기꺼이 자발적으로 가난해질 수 있는 성숙한 사람이 되어야 합니다. 자신이 처한 삶의 불안함, 두려움 정도는 손쉽게 다룰 수 있는 그런 어른이 먼저 되어야 합니다.

많은 사람들이 그런 어른이 되지 못하는 이유는, 돈만 많으면 지금 삶의 불안함, 두려움이 없어질 거라 믿기 때문입니다. 남편은 분명 지금보다 돈이 많으면 아이를 낳아서 잘 기를 수 있을 거라 생각하고 있을 겁니다. 정말 안타까운 일입니다. 미성숙한 사람들이 돈에 집착하는 내적 메커니즘은 항상 이런 식입니다. 불확실한 미래에 대한 불안함과 두려움에 당당히 맞서는 것이 아니라 그것으로부터 도망치기 위해 돈이라는 더 불확실한 담 뒤로 숨는 것이지요. '돈만 있으면 지금 내 문제는 다 해결될 거야!'라고 생각하면서.

2. 두 아이의 부모로서, 안타까운 마음도 듭니다. 아이를 낳아보면 알게 됩니다. 그깟 돈은 아무 것도 아니라는 사실을. 부모가 되지 못했다면 아직 인생 최고의 경험을 해보지 못한 것이라고 감히 말하고 싶습니다. 처음으로 탯줄을 자를 때의 그 벅차오름, 나를 닮은 작디작은 아기를 안았을 때 전해지는 작은 심장소리, 그 고사리 같은 손을 처음 잡았을 때의 감촉, 분유를 먹일 때 코끝을 스치는 아이의 향긋한 젖내……. 그 모든 것이 제 인생 최고의 경험이었습니다. 아무리 많은 돈을 준다고 해도 바꿀 수 없는 최고의 행복이었습니다.

그러니 안타까울 수밖에요. 몇 푼 되지도 않는 돈을 벌기 위해 최고의 경험을 미루고 있으니까요. 그뿐인가요? 아이가 커가는 것을 보며 느끼는 행복감은 또 얼마나 큰지 모릅니다. 혼자 분유도 못 먹던 아이가 처음으로 뒤집기를 하던 날, 그리고 아이가 첫 걸음마를 하던 순간, 아이가 제 뒤에서 목을 감싸 안아주던 날, 처음 어린이집을 의젓하게 가던 날 등등 그 모든 추억이 코끝이 찡해질 정도로 행복한 기억으로 남아있습니다. 그게 얼마나 큰 행복인지는 아이를 낳아 키워보지 않으면 알 길이 없습니다.
앞서 말씀드렸던 '아이 낳지 마세요'라는 말은 사실 거짓말이었습니다. 저는 많은 현실적 문제에도 불구하고 아이를 낳았으면 좋겠습니다. 그리고 좋은 엄마와 아빠가 될 수 있도록 성숙한 어른이 되었으면 좋겠습니다. 제가 아이를 낳지 말라고 으름장을 놓았던 이유는 혹여 미성숙한 채로 부모가 되어 아이를 불행하게 만들지도 모른다는 노파심 때문이었습니다. 하지만 너무 부담을 가질 필요는 없습니다. 세상에 완벽한 사람이 없듯이 완벽한 부모도 없습니다. 어쩌면 성숙한 어른이란 지금보다는 더 현명한 사람이 되려는 의지를 가진 사람 아닐까요?

돈보다 소중한 가치들이 많고, 누군가를 위해 자발적으로 기꺼이 지금보다 더 불편해지고, 더 가난해지겠다는 의지만 있다면 누구든 훌륭한 부모가 될 수 있습니다. "새끼를 낳아야 어른이 된다"는 어른들의 말씀은 틀리지 않습니다. 자식을 낳는다고 해서 누구나 어른이 되는 것은 아니지만, 어제보다 더 현명해지고 지혜로워지려는 의지가 있는 사람은 분명 근사한 어른이 될 겁니다.

저는 질문 주신 분과 남편이 그런 성숙한 어른이 될 수 있기를 바랍니다. 그리고 사랑스러운 아이들과 함께 무엇과도 바꿀 수 없는 행복을 느낄 수 있었으면 좋겠습니다.

 남편이 직장을 옮기거나 그만두었으면 좋겠어요

제 고민은 남편이 직장을 그만두지 않는다는 겁니다. 남편은 건설회사에 다니고 있는데 출장도 많고, 야근은 물론 주말에도 종종 출근을 합니다. 남편이 너무 바빠서 여행은 고사하고 같이 이야기 나눌 시간도 없어요. 남편의 생각이 조금 바뀌기를 바라는 심정으로 작가님 책 몇 권을 사다 주었습니다. 한동안 읽더니 작가님을 '순진한 놈'이라고 하더라고요. 돈 조금 적게 벌어도 되니까 직장 그만두라고 한두 번 말한 것이 아닙니다. 그럴 때마다 남편은 오히려 제게 철이 없다, 너는 건설 일을 안 해봐서 모른다는 이야기만 합니다.

A 남편이 질주를 멈출 때까지 기다려주세요

남편은 복 받은 분이에요. 대부분의 아내는 돈을 더 많이 벌어오라고 하지, 함께 있기 위해 일을 줄이라고 하지는 않으니까요. 남편은 지금 호강에 겹지만, 반면에 아내는 서러운 거예요. 남편에 대한 애틋한 마음이 여전해서, 남편과 함께 하고 싶은 거죠. 바라는 것이 있는 사람은 늘 서러워요. 우선 지금은 남편의 상태가 이해가 안 되실 테니까, 남편의 상황부터 설명해드리는 것이 좋을 것 같네요.

남편은 지금 직장에서 한창 잘나가고 있을 거예요. 일도 많이 하고, 그 많은 일을 잘 치고 나가서 사람들한테 인정도 받고 있을 거고요. 비유하자면 전력질주를 하고 있는 중이죠. 그런데 전력질주의 치명적인 문제점은 주위를 살필 여력이나 여유가 없다는 거예요. 생각해보세요. 학창시절 100미터를 전력질주할 때 목표지점 이외의 것들이 보이던가요?

안타깝지만 지금 아내가 할 수 있는 일은 없어요. 이 문제의 키는 전적으로 남편이 쥐고 있어요. 전력질주를 하는 것이 인생의 정답이라고 믿는 사람을 멈출 수 있는 사람은 없어요. 오히려 남편의 눈에는 천천히, 자신만의 속도로 걷는 사람들이 모두 무능해 보일 테고, 주위를 둘러보며 천천히 걸으라고 말하는 사람은 모두 자신의 전력질주를 방해하는 사람으로 보일 테니까요. 저보고 '순진한 놈'이라고 말한 것은 전자의 경우이고, 아내에게 '철이 없다'고 말한 것은 후자의 경우가 되겠지요.

그렇다면 남편은 언제 전력질주를 멈추게 될까요? 둘 중 하나입니다. 첫 번째는 목적지에 도착하는 경우이고, 다른 하나는 돌부리에 걸려 중간에 넘어지는 경우입니다.

첫 번째는 커리어의 정점을 찍는 경우가 될 겁니다. 예를 들면 승진을 해서 부장이나 임원이 되는 것 말입니다. 전력질주란 분명한 목적지를 보고 달리는 것입니다. 그러니 본인이 원하는 목적지에 도착하면 당연히 멈추게 되겠지요. 그리고 그제야 알게 될 겁니다. 의미 없는 짓을 했다는 것을 말입니다. 말하자면 아주 불행한 경우입니다. 정작 소중한 것들은 모두 놓치고 본인이 원하지 않았던 것만 잔뜩 얻게 되었다는 것을 너무 때늦게 알게 되겠지요. 직장생활을 하며 이런 때늦은 후회를 하는 사람들을 참으로 많이 보았습니다.

그렇다면 중간에 돌부리에 걸려서 넘어지는 것은 어떤 경우일까요? 예를 들자면 전력질주를 했음에도 승진에 실패를 한다거나, 과도하게 전력질주를 하느라 건강에 심각한 이상이 오게 되는 경우가 되겠지요. 대체로 사람들은 이것을 불행이라고 여기지만 사실은 행운입니다.

우리가 언제 삶을 진지하게 돌아보게 될까요? 모든 일이 잘 풀리고 잘나갈 때일까요? 아닙니다. 뜨거운 연애를 할 때는 사랑이 무엇인지 돌아보지 않습니다. 오히려 가슴 아픈 이별을 한 이후에야 사랑이 무엇인지 진지하게 돌아보게 되지요. 마찬가지입니다. 전력질주를 하다가 돌부리에 걸려 넘어지게 되어서야 비로소 우리는 삶을 돌아보게 됩니다. 이것은 분명 행운입니다. 그나마 너무 늦지 않게 자신이 지금 어디를 향해 달려가고 있었던 것인지, 또 그곳이 정말 내가 원하는 곳이었는지, 그 목적지에 진정으로 내가 원하는 행복이 있긴 한 것인지 진지하게 되돌아보게 되니까요.

여기까지 이야기가 되면 이제 문제를 해결할 키는 다시 아내에게 돌아오게 됩니다. 아내가 서러움의 시간을 얼마나 기다려줄 수 있느냐의 문제만 남게 되니까요. 남편을 진심으로 사랑한다면 남편이 돌부리에 걸려 넘어질 때까지 조금 기다려 주세요. 남편이 삶을 되돌아볼 기회를 맞이할 때까지 기다려줄 수 있다면 그리 해주세요. 그리고 그때 다시 한 번 제 책을 건네주세요. 남편이 아무리 유능해도 직장에서 계속 잘나갈 수는 없을 겁니다. 직장 안의 문제든 밖의 문제든 분명 몇 번의 실패, 좌절이 있을 겁니다. 그때 다시 한 번 남편에게 이야기해주세요. "지금껏 기다리고 있었다"고. 그리고 "이제는 전력질주를 멈추고 우리만의 속도로 걸어가자"고.

그런 기다림 이외에 지금 당장 아내가 할 수 있는 것은 무엇이 있을까요?

지금 전력질주를 하고 있는 남편에게 진심으로 말해주세요. "지금까지 나는 멀리 앞서 뛰어가는 당신 뒤에서 바라보기만 했었다"고. 또 말해주세요. '기다림에 지치지 않도록 너무 늦지 않았을 때 돌아와주었으면 좋겠다'고.

안타깝지만 지금 아내가 할 수 있는 것은 그 정도뿐일 것 같습니다. 더 욕심을 내면 관계가 악화되겠지요. 저 역시 너무 늦지 않게 남편이 돌부리에 걸려서 전력질주를 멈출 수 있었으면 좋겠습니다. 너무 늦어버리면 아내도 기다리지 못할 테니까요. 행복도 불행도 결국 모두 타이밍이라는 사실을 너무 늦지 않게 남편이 깨닫게 되었으면 좋겠습니다.

Q 제가 직장을 그만두면 부모님이 실망하실 거예요

서른두 살의 3년 차 직장인입니다. 직장을 그만두고 무엇인가를 해보고 싶은데, 가족들이 어찌 생각할지 모르겠어요. 특히 부모님이 안 좋게 생각하면 어쩌나 하는 그런 생각이 들어요. 이제껏 키워주신 덕에 겨우 좋은 직장을 잡게 되었는데, 하고 싶은 일이 있다고 직장을 그만두면 부모님이 실망하실 것 같거든요. 효도는 못하더라도 부모님을 실망시키고 피해를 주고 싶지는 않습니다.

A 고민의 핵심은 부모님이 아닌 '나'가 되어야 합니다

1. 그냥 직장 다니세요. 부모님 실망시켜드리고 싶지 않다면. 그럼 고민 끝나는 거 아닌가요? 서른두 살이면 진로에 대한 고민을 할 수는 있지만, 이런 식으로 할 나이는 아닙니다. 사실은 고민을 하고 있는 게 아니라 '직장을 그만두고 싶다, 그런데 부모님 실망시켜드리고 싶지 않다. 그런데 직장은 그만두고 싶다'라는, 답도 없는 무한 반복을 하고 있는 겁니다. 저한테 답을 듣고 싶은 것인가요, 아니면 그저 위로를 받고 싶으신 건가요?

확실히 불행하게 사는 방법을 알려드릴게요. 언제나 주위 사람들 기대에 부응하며 결코 실망시키지 않는 삶을 사세요. 그러면 100퍼

센트 확실하게 불행해질 수 있습니다.

사람들이 불행해지는 이유는 끊임없는 역할극 속에서만 살 뿐, 정작 진짜 자신의 삶을 살아내지 못하기 때문입니다. 상사 앞에서는 부하직원이라는 역할을 하고, 후배들 앞에서는 선배라는 역할을 하고, 여자친구 앞에서는 남자친구라는 역할을 하고, 집에서는 자식이라는 역할을 하고 살면서 끊임없는 역할극을 반복할 뿐 정말 자신이 원하는 삶은 한 번도 살아보지 못하기 때문에 결국 불행해지는 겁니다.

자신의 진로에 대해 고민되지 않는 사람이 어디 있을까요? 하지만 그 고민을 아이가 반찬 투정하는 식으로 해서는 안 됩니다. 부모님? 소중하지요. 그렇다면 불평불만하지 말고 그냥 직장 다니세요. 분명히 불행해지겠지만 최소한 아무것도 선택하지 않고 투덜대기만 하고 사는 것보다는 덜 불행한 삶이 될 겁니다.

최고의 불행은 잘못된 선택을 할 때가 아니라 여기저기 눈치 보느라 아무것도 선택하지 못할 때 찾아오게 마련이니까요.

곰곰이 생각해보세요. 이대로 살아서는 안 되겠다고 생각한다면, 그래서 삶의 근본적인 변화를 모색한다면 이것부터 다짐하세요. '나는 이제 더 이상 역할극 속에서 살지 않겠다!' 그리고 그 역할극을 끝내기 위해 좋은 부하직원, 좋은 선배, 좋은 남자친구, 좋은 자식의 이미지는 기꺼이 포기하셔야 합니다. 그 정도의 의지가 없다면 허무한 역할극 속에서 머무는 불행한 삶에서 절대 탈출할 수 없습니다.

2. '효도는 못하더라도 부모님을 실망시키고 피해를 주고 싶지는 않다'고

말씀하셨지요? 맞습니다. 간혹 자신만의 삶을 살아가는 것 자체가 부모님을 실망시켜드리는 일이 될 수 있습니다. 이름만 대면 다 아는 대기업을 다니는 아들을 여기저기 자랑하고 다니셨는데, 그 회사를 그만두면 부모님이 분명히 실망하시겠지요. 우리와 다른 시대를 살아내신 부모님으로서는 분명 우리와 다른 삶의 가치와 기준을 가질 수밖에 없습니다. 그러니 어쩔 수 없지요. 그건 부모님이 감당해야 할 몫입니다.

만약 부모가 끝끝내 자식의 진로에 개입하려 한다면 그건 자식을 사랑하기 때문이 아닙니다. 사랑은, 사랑하는 사람의 삶의 방식을 인정해주는 것이지 자신의 삶의 방식을 강요하는 것이 아닙니다. 부모가 자식에게 자신의 삶의 방식을 강요한다면 그 부모는 '자식'을 사랑하는 것이 아니라 '자신'을 사랑하는 것입니다.

"너는 아직 어려서 현실을 몰라" 하면서 자식들의 인생에 끊임없이 개입하려는 부모를 종종 봅니다. 이것은 앞뒤를 바꿔 거꾸로 보는 것입니다. 자식들이 아직 어려서 현실을 보지 못하는 것이 아니라 부모가 끊임없이 자식의 인생에 개입했기 때문에 자식이 어른이 되지 못한 겁니다. '사랑한다'는 말은 '믿어준다'는 말과 일정 정도 같은 말입니다. 그러니 누군가를 정말 사랑한다면 그 사람을 믿어주어야 합니다. 어떤 선택도 할 수 있고, 또 그 선택에 대한 책임도 질 수 있다고 믿어주는 것, 그것이 진정한 사랑입니다. 누군가의 인생에 끊임없이 개입하려는 것은 사랑이 아니라 사육일 뿐입니다.

그런데 부모를 실망시켜드리고 싶지 않은 것은 이해할 수 있지만 '피해를 주고 싶지 않다'는 이야기는 잘 납득이 되지 않습니다. 혹여 직장을 그만두면 부모님에게 얹혀 살 수도 있다는 생각을 하고 계신 건가요? 아니면 부모님의 경제적 지원을 기대하시는 건가요? 그런 기대 때문에 발생한 피해라면, 결코 부모님에게 주어서는 안 되지요.

어쩌면 이 지점이 고민의 핵심인지도 모르겠네요. 직장을 그만두면 스스로 당당하게 살아갈 자신이 없다는 것. 만약 그렇다면 그냥 직장을 다니면서 삶이 어떤 것인지, 돈을 번다는 게 어떤 의미인지 더 배워야 할 필요가 있습니다. 그렇게 바닥에서 박박 기면서 어른이 먼저 되어야 합니다. 어떤 선택이든 스스로 당당하게 결정하고 또 그 결정에 대해 감당할 수 있어야 합니다. 그렇게 본인의 삶부터 먼저 잘 살아내는 것이 우선입니다. 효도는 그 다음 문제이지요.

지금 해야 할 고민은 '직장을 그만두면 부모님이 어찌 생각할지 모르겠어요'가 아니라 '직장을 그만두면 나는 어떤 것들을 감당해야 할까요?'가 되어야 합니다. 그것이 조금 더 성숙한, 아니 본인 나이에 어울리는 고민일 겁니다. 핵심은 부모가 아니라 '나'에 있습니다. 야박하게 다그쳤다고 서운해하지 마시고 삶을 진지하고 어른스럽게 살아내려고 노력하세요. 그런 고민이 없다면 지금 지겹도록 무한반복되는 고민의 답은 결코 보이지 않을 테니까요.

Q 어린 시절부터 제 꿈은 월급쟁이였습니다

마흔네 살, 15년 차 직장인 N입니다. 저는 아버지로 인해 불안정했던 유년 시절 때부터 안정적인 직장인이 되어야겠다고 생각했습니다. 원대한 꿈도 없고, 부자가 되고 싶은 생각도 없습니다. 그저 우리 가족이 행복하게 살 수 있을 정도만으로 충분합니다. 지금 직장 역시 정년을 보장해주는 안정성에 끌려 선택했습니다. 그런데 몇 해 전 회사의 주인이 바뀌자마자 구조조정을 하고, 정리해고는 연례행사가 되었습니다. 다행히 저는 아직 버티고 있지만 일도 점점 많이 하게 되고 퇴근도 늦어지고 있습니다. 이제는 안정된 직장인이라는 꿈도, 가족과의 행복한 시간도 모두 위협받고 있습니다.

A '안정된 직장인'에 미련을 버릴 수 있도록 준비하세요

1. 누구나 원대한 꿈을 꾸고, 열정 넘치는 삶을 살고, 부자가 되려고 살 필요는 없습니다. 각자 자기만의 철학에 따라 각자의 삶의 속도, 리듬에 맞춰 살아내면 되는 것이지요. 그런 의미에서 '직장인이 꿈이었다'는 이야기가 소박하고 진솔하게 들려서 참 좋았습니다. 자신의 깜냥을 인정하고 그것에 맞춰 자신의 삶을 사는 것이 어쩌면 가장 빨리 행복한 삶에 도달할 수 있는 현명한 방법이겠지요.

문제는 이제 소박하게 사는 것조차 쉽지 않은 시대라는 사실입니다. 우리의 일상을 한 번 돌아보세요. 이른 새벽에 출근해서 정신없이 일하다 퇴근하면 깜깜한 밤중입니다. 1997년 외화위기 이후,

안정적인 직장은 이제 없습니다. 소박하게 직장을 다니며 가족들과 도란도란 행복하게 사는 것조차 전혀 소박하지 않은 일이 되어버렸습니다. 오히려 가족은 내팽개친 채 직장에 모든 것을 걸어야 겨우 자신의 자리를 유지할 수 있습니다.

'나는 누구보다 소박하고 성실한 사람인데, 왜 이런 나조차 행복한 삶을 살 수 없단 말인가?'라는 답답함이 가슴 깊숙이 자리 잡고 있을 겁니다. 당연한 일이지요. 그러니 우선 이것부터 인정해야 할 것 같습니다. 지금은 소박하고 평범한 삶을 살아내기 위해서 전혀 소박하거나 평범하지 않은 삶의 용기와 의지가 필요한 시대입니다. 지금 N씨가 겪는 당황스러움 혹은 불만족은 지금 시대의 그 부조리한 그래서 불편한 진실을 보지 못했기 때문일 겁니다.

2. 어찌해야 할까요? 그냥 닥치고 언제 잘릴지 모르는 불안감을 부여잡은 채 매일 쏟아지는 업무에 파묻혀 삶을 탕친해야 하는 걸까요? 아닙니다. 두 번 살지도 못하는 삶을 그렇게 소모할 수는 없지요. 집요하고 필사적으로 방법을 찾아야 합니다.

우선 직장을 옮기는 방법이 있습니다. 일반적인 직장은 직원이 소박하게 살도록 내버려두지 않습니다. 항상 월급 이상의 일을 시키지요. 그렇게 직원의 개인적인 삶을 잠식해 들어오는 것이 일반적인 직장의 모습입니다. 하지만 모든 직장이 그런 것은 아닙니다. 찬찬히 둘러보면 분명 그나마 인간적인 삶을 영위할 수 있는 직장이 존재할 것입니다.

N씨의 성향에 비춰볼 때 최선의 방법은 공무원이 되는 것입니다. 하지만 나이도 있고 또 여러 가지 문제들로 인해서 그 방법은 현실적으로 힘들겠지요. 그러니 차선은 출퇴근 시간을 비교적 정확하게 지켜주는 회사를 찾는 것입니다. 이직의 여러 조건들 중 급여나 복지 같은 면에서 조금 유연해질 수 있다면 개인적인 삶을 확보할 수 있는 직장을 구할 수 있을 겁니다.

사실 많은 직장인들이 불만족스러운 직장생활을 유지하는 이유 중 하나는 불만족스럽기는 하지만 이미 적응이 끝난, 그래서 익숙한 곳을 떠나고 싶지 않기 때입니다. 하지만 '익숙한 불행' 대신 '낯선 행복'을 찾아 나설 용기만 있다면 조금 더 행복한 직장생활을 할 수도 있을 겁니다.

그럼에도 불구하고 여전히 문제는 남습니다. '고용 안정성'입니다. 본인에게 어울리는 직장을 찾았다고 해도 정년까지 다닐 수 있다는 보장은 어디에도 없습니다. 요즘 같은 시대에 정시 출근, 정시 퇴근을 칼같이 지키면서 정년을 보장해주는 직장은 그야말로 '신의 직장'일 것입니다. 혹여 '신의 직장'이 있다고 해도 N씨가 그쪽으로 옮길 수 있는 가능성은 극히 낮습니다.

3. 개인적인 삶을 인정해주는 꽤 괜찮은 직장이라도 결국은 자의든 타의든 그곳에서 나올 수밖에 없을 것입니다. 거칠게 말하자면 아무리 좋은 직장을 다닌다고 해도 언제 잘릴지 모른다는 겁니다. 그때가 되면 '안정적인 직장인'이라는 소박한 꿈은 또 산산이 무너져 내릴 것입니다. 사실 안정된 직장인이라는 꿈 자체가 지금 우리 사회에서는 한시적으로만 가능할 뿐 근본적으로 가능하지 않습니다.

꽤 좋은 직장을 찾았거나 아니면 지금 직장에서 머무르거나 어떤 경우든 해고에 대비해야 합니다. 거창하게 자기 사업을 해야 한다는 이야기가 아니라 직장을 다니는 동안 자신의 일을 할 수 있는 준비를 꾸준히 해야 한다는 이야기입니다. 그것을 1인 기업이라 이름 붙여도 좋고, 프리랜서라고 해도 좋습니다. 어쨌든 궁극적으로는 월급을 받는 생활을 벗어나 자신을 스스로 고용할 수 있는 경제적 기반과 정신적 근력을 만들어야 합니다.

직장의 업무와 연계된 일로써 준비해도 좋고, 자신이 좋아하는 취미를 직업적 수준으로 만드는 것도 좋습니다. 개인적으로 후자를 추천하지만 그건 N씨의 개인적 여건에 맞추어 선택하면 될 것 같습니다. 전자는 준비 시간이 조금 덜 걸릴 것이고, 후자는 준비 시간이 조금 더 걸리겠지요. 어떤 식이든 직장을 다니면서 직장 이후의 삶을 꾸준히 준비해야 합니다. 잊지 말아야 할 안타까운 사실은 이것이 선택이 아니라 필수라는 점입니다.

처음에는 직장을 떠나 스스로를 고용해서 밥벌이를 하는 것이 도저히 불가능할 것처럼 보일 수도 있습니다. 하지만 조금 여유를 가지고 차분히 준비하다 보면 의외로 문제가 쉽게 해결될 수 있습니다. 제가 아는 설계 엔지니어는 직장생활 13년 경험을 기반으로 작은 '1인 설계사무실'을 개업해 스스로를 고용하면서 밥벌이도 잘해나가고 있습니다. 저 역시 마찬가지입니다. 글쓰기가 좋아서 직장을 다니면서 3~4년 동안 꾸준히 글을 썼던 것이 기반이 되어 지금은 글을 써서 밥벌이를 하고 있으니까요.

핵심은 대부분의 월급쟁이들처럼 그저 시간을 때우듯 직장생활을 해서는 안 된다는 겁니다. 행복한 밥벌이를 하고 싶다면 직장을 다니는 동안 직장을 떠날 준비를 해야 합니다. 그렇지 않고 직장의 일에 휩쓸리다 보면 아무런 준비 없이 직장 밖으로 밀려나 있는 자신을 발견하게 될 겁니다. 대부분의 직장인들이 아무 대안 없이 정리해고를 당하게 되는 것처럼 말입니다. N씨의 꿈이 직장인이 아니라 '행복한 밥벌이'가 되기를 바랍니다. 조금 억울하기는 하지만 소박하고 평범하게 살기 위해서는 이 같이 소박하고 평범하지 않는 용기, 의지, 노력이 필요한 사회에 살고 있는 대가로 말입니다.

Q 명예퇴직을 하고 집에 있는데, 눈치가 보이네요

직장생활 17년을 마무리하고 지금은 집에서 쉬고 있는 가장입니다. 얼마 전 직장에서 명예퇴직자 신청을 받을 때 자발적으로 신청을 했습니다. 긴 시간 직장생활을 정신없이 하느라 놓친 게 너무 많은 것 같아 이제부터라도 가족들과 시간도 더 많이 보내고 이것저것 함께하고 싶어서였습니다. 그런데 아내와 아이들의 생각은 조금 다른 것 같습니다. 대화를 시도해도 탐탁지 않게 여기는 눈치고, 함께 여행을 가자고 해도 썩 반기는 분위기가 아닙니다. 심지어 아내는 언제 다시 일을 할 거냐고 묻곤 합니다. 솔직히 말해서 조금 서운하기도 하고, 앞으로 어떻게 가족들과 잘 지내야 할지도 모르겠습니다.

A 가족들이 서로를 알게 되면 문제가 풀립니다

1. 먼저 제 이야기를 조금 해볼게요. 제 아버지는 직장을 다닐 때 늘 바쁘셨고, 퇴근은 언제나 늦었습니다. 그 시대 대부분의 아버지들처럼. 그러던 어느 날이었습니다. 아마 중학교 때였던 걸로 기억합니다. 아버지는 어머니와 아무런 상의도 없이 덜컥 직장을 그만두셨고, 한동안 집에만 계셨습니다. 그때 제가 느꼈던 감정은 불편함이었습니다. 이런 제 이야기를 먼저 하는 이유는 가족들의 입장에서 한번 생각해볼 필요가 있기 때문입니다.

때로는 본인의 성취를 위해서, 또 때로는 가족의 생계를 위해서 17년이란 긴 시간을 일하는 동안 아이들에게 아버지는 어떤 사람이었을까요? 자신의 고민을 진지하게 털어놓고 이런저런 행복한 추억을 공유한 그런 사람이었을까요? 아마 아니었을 겁니다. 만약 그랬다면 퇴사를 한 지금도 가족들과 잘 지내고 있을 겁니다.

다시 제 이야기로 돌아가 보지요. 매일 집에 있는 아버지가 불편했던 이유는 아버지를 잘 몰랐기 때문입니다. 아버지 또한 저를 잘 몰랐지요. 가족이란 이름으로 함께 살기는 했지만 서로를 알기에는 함께한 시간이 턱없이 부족했기 때문이었습니다. 아침에 일어나면 아버지는 이미 출근을 하신 뒤였고, 자기 전에야 잠시 얼굴을 보았으니, 제가 느낀 불편한 감정은 낯선 손님이 집에 찾아왔을 때 느낀 것과 비슷했던 것 같습니다.

지금 질문하신 분의 가족들도 유년 시절의 저와 비슷한 감정이지 않을까요? 서운하실 필요는 없습니다. 아버지가 싫어서가 아니라 아버지를 잘 몰라서 불편한 것일 뿐이니까요. '아이들도 아내도 나를 잘 모르고, 나 역시 아이들과 아내를 잘 모른다' 여기서부터 시작하는 것이 좋을 것 같습니다. 그것이 지금 있는 그대로의 모습입니다.

2. 그럼 어찌해야 할까요? 서로를 잘 모르니 불편한 손님처럼 그렇게 살아야 할까요? 우려스러운 것이 하나 있습니다. 그것은 지금 가족들에게 느낀 서운함 혹은 소외감 때문에 자신의 삶을 미화하거나 정당화하려고 하지는 않을까 하는 것입니다. 다시 제 개인적인 이야기를 조금 더 해볼까요? 아버지가 직장을 그만두고 한동안 아버지와 사이가 안 좋았던 적이 있습니다. 아버지는 자식들이 살갑게 대해주기를 바랬지만 저는 아버지가 불편해서 그렇지 못했습니다. 아버지는 서운하셨겠지요.

어느 날이었습니다. 아버지는 술을 거나하게 마시고 오셨지요. 불안했습니다. 여느 경상도 남자가 그렇듯 아버지 역시 평소 하기 힘든 이야기가 있을 때 술을 드시고 오셨기 때문입니다. 아니나 다를까, 아버지는 엄마, 누나, 저에게 화를 내시며 말했습니다. "내가 누구 때문에 이렇게 고생했는데!" 그날 아버지가 했던 이야기는, 가족들을 위해 열심히 직장을 다녔는데 왜 자신을 이해해주지 못하느냐 하는 하소연이었습니다.

어린 마음에, 그날 이후 아버지에 대한 감정은 불편함에서 미움으로 바뀌었습니다. 그것 역시 어린 제게는 당연한 일이었습니다. 어색하고 불편해서 서먹서먹했던 사람이 느닷없이 왜 자신에게 관심을 가져주지 않느냐고 화를 내는 것처럼 느껴졌기 때문이었습니다.

질문 주신 분은 적어도 제 아버지처럼 '내가 17년 동안 너희들을 위해 얼마나 열심히 살았는데, 나한테 이럴 수가 있어?' 하는 생각은 않았으면 좋겠습니다.

17년 동안 가족들을 소홀히 하면서까지 열심히 직장생활을 한 이유는 분명 가족들의 생계를 위해서였을 겁니다. 하지만 조금 야박하게 말하자면 오직 그 이유 때문만은 아닐 겁니다. 한편으로는 직장이라는 익숙한 환경을 벗어나 다른 삶을 살아볼 용기를 내지 못했고, 준비를 하지 못했기 때문이기도 합니다. 이 부분에 정직해졌으면 좋겠습니다.

한마디로, 지금 처한 상황의 모든 책임이 가족들에게만 있는 것은 아니라는 얘기입니다. 만약 가족들에게 느끼는 서운함, 소외감을 가족들의 탓으로 돌리고 자신의 지난 삶을 미화하거나 정당화하려고 한다면 상황은 최악이 될 겁니다. 아이들은 아버지를 불편하고 어색하게 느끼는 것을 넘어

미워하고 싫어하게 될 테니까요.

하지만 문제의 발단이 무엇인지 생각해보면 너무 걱정할 필요는 없을 것 같습니다. 앞서 말했듯이 가족들과 잘 지내지 못하는 이유는 서로를 잘 모르기 때문입니다. 그러니 답은 간단합니다. 서로를 알아가면 됩니다. 아버지가 아내와 아이들이 어떤 사람인지 알게 되고, 아내와 아이들 역시 아버지가 어떤 사람인지 알게 되면 지금 겪는 문제는 대부분 해결될 겁니다. 그렇다면 아내와 아이들이 어떤 사람인지 알 수 있는 방법은 무엇일까요? 우선, 앞서 말씀드린 것처럼 '나는 아내와 아이들을 잘 안다'는 생각부터 버려야 합니다. 오히려 가족들에 대해 잘 모른다고 생각을 해야 진정으로 가족들을 알아갈 준비가 된 것입니다.

한 사람을 안다는 것은 정확하게 그 사람이 무엇을 좋아하는지 안다는 겁니다. 지금 당장 종이를 펴고 아내와 아이들이 좋아하는 것들을 적어보세요. 아마 많이 적지는 못할 겁니다. 그 종이에 아내와 아이들이 좋아하는 것들을 가득 채워 나갈 수 있어야 합니다. 그렇게 가족들이 좋아하는 것이 무엇인지 알게 되었을 때, 가족들이 어떤 사람인지 알게 될 것이고, 서로를 이해하며 행복하게 함께 살 수 있을 겁니다. 간단하지요?

3. 그런데 조금 덧붙일 이야기가 있습니다. 가족들이 좋아하는 것을 알아가는 것, 그러니까 그네들이 어떤 사람인지 알아갈 때 몇 가지 주의사항에 관한 것입니다. 노파심에 그것까지 이야기하고 가야 할 것 같습니다.

우선, 절대 가치평가를 해서는 안 된다는 겁니다. 본인의 기준으로 아내와 아이들이 좋아하는 것에 대해 가치평가를 하는 순간 그네들이 좋아하는 것들을 결코 알 수 없게 됩니다. 아이들은 아버지가 알아듣지도 못할 시끄러운 음악을 듣고, 학업에 아무런 도움도 안 되는 소설이나 만화책을 읽고 있을 수도 있습니다. '무엇을 좋아하냐?'는 아버지의 질문에 신이 나서 '컴퓨터 게임'이라고 답할 수도 있습니다.

만약 그때 "이런 걸 음악이라고 듣고 있냐?" "만화책만 보면 공부는 언제 하니?" "네가 이제 오락할 나이는 아니잖니?"라고 말한다면, 가족들과의 관계복원은 이미 끝난 겁니다. 아이들은 아버지가 자신을 알려고 하지 않는다는 것을 직감할 테니까요. 사랑하는 사람을 알아갈 때는 가치평가를 해서는 안 됩니다. 생각해보세요. 사랑하는 연인이 스파게티를 좋아하면 우리는 그냥 '이 사람은 스파게티를 좋아하는구나'라고 생각할 뿐입니다. 반면에 연인에게 애정이 식었을 때 혹은 관심 없는 사람을 대할 때만 '왜 스파게티처럼 느끼한 걸 좋아해?'라고 가치평가를 하게 되지요.

아내와 아이들이 어떤 사람인지 알고 싶다면 자신이 옳다고 생각하는 기준을 내려놓고 아내와 아이들이 좋아하는 것에 그저 공감해주세요. 어떤 가치평가도 해서는 안 됩니다. 사람은 자신이 좋아하는 것에 공감해주는 사람을 좋아하지, 평가하는 사람을 좋아하지는 않습니다. 잊지 마세요. 자신이 옳다는 것을 내려놓을 수 있을 때만 한 사람에 대해서 진짜 알게 된다는 걸.

4. 또 하나, 너무 급하게 알아가려고 하지 마세요. 이제 아이들과 아내를 처음 만난다고 생각하셔야 합니다. 아이들은 정말 아버지를 처음 만난 사

람만큼 불편해하고 어색해하고 있을 테니까요. 관심 있고 친해지고 싶은 여자를 만나자마자 "부모는 뭐하시냐? 형제자매는 어찌 되느냐?"며 호구조사부터 들어가면 그 여자와 좋은 관계로 발전시킬 수 없는 것은 너무나 당연한 일입니다.

시간이 걸리더라도 충분한 시간을 가지고 자연스럽게 가족들과 함께하는 시간을 늘려야 합니다. 딸에게 "좋아하는 음악이 뭐냐?"라고 다짜고짜 물을 것이 아니라 아이들과 함께 텔레비전을 보면서 딸아이가 '엑소'에 열광할 때 슬며시 아이게 물으면 됩니다. '너 엑소 좋아하는구나?'라고요. 아들에게 "무슨 오락 좋아하냐?"라고 다짜고짜 물을 것이 아니라 외식을 하러 가서 아이가 스마트폰으로 무슨 오락을 하고 있는지 섬세하게 살펴보면 됩니다. 그렇게 충분한 시간을 두고 섬세하고 조심스럽게 아이들에게 다가서야 합니다.

쉽지 않을 겁니다. 가족들을 진짜로 알아간다는 것이 말입니다. 아이들의 행동 하나하나가 거슬릴 수도 있고, 또 그 때문에 가치평가가 불쑥불쑥 튀어 나올 수도 있습니다. 또, 알량한 권위의식 때문에 '내가 아이들을 이렇게까지 조심스럽게 대해야 하나?'라는 생각이 스멀스멀 올라올 수도 있습니다. 바로 그때 본인이 아이들을 정말 사랑하고 있는지 알게 될 겁니다. 부모는 아이들을 사랑한다고 입으로 떠들 필요가 없습니다. 사랑은 그 사람 때문에 불편해지는 겁니다. 그러니 사랑의 정도는 그 사람으로 인해 감당할 수 있는 불편함의 정도라고 할 수도 있을 겁니다.

만약 아이들의 행동이 거슬린다고 그것을 표현해버린다거나 아이들의 눈치를 보는 것이 못마땅하게 느껴진다면 본인은 아이들을 딱 그만큼만 사랑하는 것입니다. 핑계 댈 것도 없지요. 그리고 아버지의 그 사랑의 깊이를 아이들은 정확히 직감할 겁니다. 어쩌면 고민을 주신 분은 아버지로서 가족들에게 한없는 사랑을 주고 싶은 것이 아니라 직장을 떠난 외로움 때문에 가족들에게 사랑을 받고 싶은 것은 아닌지 모르겠습니다.

사랑의 묘한 역설은 오직 받을 생각 없이 무조건 줄 수 있는 사람만이 진정한 사랑을 받을 수 있다는 사실입니다. 이 사랑의 역설을 잊으면 안 됩니다. 저는 그런 의미에서 아이들에게 진정으로 사랑받는 아버지가 되기를 바랍니다. 그렇게 가족들을 조금씩 알아가고, 속절없이 지나쳐버린 17년 세월의 간극을 좁혀 갈 수 있기를 바랍니다. 건투를 빕니다.

에필로그

직접 혹은 간접적으로 만났던 수많은 사람들의 고민들을 하나씩 정리하면서 어김없이 걱정이 앞섰습니다. 마치 제가 직장과 밥벌이에 대해서 다 아는 사람인 것처럼 여러분들을 가르치려고 드는 것은 아닌가 하는 의구심 때문이었습니다. 많은 사람들의 고민에 나름의 답을 하면서 때로는 야박하게, 때로는 다그치듯이 이야기한 부분도 많았습니다. 늘 그렇듯이 한 권의 책을 마무리하면서 저는 지금 또 '내가 이런 이야기를 할 수 있는 사람인가?' '나는 정말 말한 대로 살고 있나?'라는 자기검열에 빠져 있습니다. 야박하게 다그치듯이 이야기했던 부분은 특히 그렇습니다.

여러분에게 드린 말씀 중 대부분은 제가 삶으로 살아내고 있는 것입니다. 하지만 정직하게 말씀드리자면 일정 정도는 저 역시 아직 삶으로 살아내지 못한 부분도 있습니다. 제가 살아내고 있지 못한 이야기를 해야 할 때는 참 많은 갈등을 했습니다. 하지만 책을 마무리하는 마지막 글을 쓰면서 오히려 그런 갈등을 긍정적으로 바라볼 수 있게 되었습니다. 훌륭한 작가는 살아낸 대로 적는 사람이기도 하지만 또 한편으로는 적은 대로 살아가는 사람이기도 하다는 것을 깨달았기 때문입니다. 어쩌면 전자보다 후자가 더 훌륭한 작가인지도 모르겠습니다.

그런 의미에서 저는 앞으로 이 책에 발목이 잡혀 살지도 모르겠습니다. 여러분에게 야박하게, 다그치듯 했던 이야기가 저의 삶에 족쇄를 채울지도 모르겠습니다. 하지만 다행스러운 것은 제가 살아내고 있지 못하더라도 분명히 옳은 이야기를 했다는 점입니다. 그러니 저는 이 책을 통해 제 삶에 '옳은 삶의 방향'이라는 족쇄를 채운 것입니다. 삶이 힘들고 버거울 때 전들 왜 다른 사람 탓을 하고 핑계를 대고 싶지 않았을까요? 그것은 아마 본능에 가까운 것일 겁니다. 하지만 저는 이제 그리 살지 못할 것 같습니다. 이 책을 그리 쓰지 않았으니까요.

여러분에게 했던 많은 이야기가, 제가 비겁해지고 나약해지려 할 때 '네가 잘난 척한 이야기들을 생각해봐!'라며 부메랑처럼 돌아올 겁니다. 그리고 그 족쇄 같은 부메랑이 분명 저를 지금보다 더 성숙한 사람으로 만들 것입니다. 떠들기만 할 뿐 그것을 삶으로 살아내지 못하는 허접한 3류 글쟁이는 되고 싶지 않으니까요.

저에게는 꿈이 있습니다. 언젠가는, 언젠가는 꼭 훌륭하고 멋있는 작가가 되고 싶다는 꿈입니다. 저는 삶으로 이야기하고, 이야기한 대로 살아가는 그런 근사한 작가가 되고 싶습니다.

저는 이 책이 저만의 족쇄, 부메랑이 되기를 원치 않습니다. 이 책에 담긴 많은 사람들의 절절한 고민과 애환이 저와 여러분 모두의 족쇄와 부메랑이 되기를 바랍니다. 밥벌이라는 현실적 문제가 결코 가볍지 않겠지요. 하지만 아무리 힘들고 무겁더라도 뒤로 물러나거나 회피하려 해서는 안 됩니다.

여기에 등장하는 많은 사람의 고민이 단순한 '타산지석'이 되기를 원치 않습니다. 타산지석은 다른 산의 돌이 내게는 유용할 수 있다는 뜻이지요.

겨우 그 정도의 무게로 동시대를 살아가는 사람들의 고민을 읽어내지 않았으면 좋겠습니다. '기왕 고민할 거, 나는 저 사람이 고민한 지점보다는 한 발 더 나아간 고민을 하고 싶다'는 욕심을 내었으면 좋겠습니다. 적어도 '나는 저 사람과 같은 종류의 고민은 하지 않을 거야!'라는 자긍심을 가지고 이 책을 마무리하셨으면 좋겠습니다.

분명 그 자긍심은 여러분의 족쇄와 부메랑으로 기능하겠지요. 이 책에 등장했던 고민과 별반 다르지 않은 고민을 우리 역시 하고 있을 테니까요. 그러니 당연히 그 족쇄와 부메랑은 여러분의 삶 곳곳을 압박할 것입니다. 이 책에 등장하는 고민보다 더 나은 종류의 고민을 하려면 이 책에 등장했던 고민 정도는 일단 뛰어넘어야 할 테니까요. 하지만 그 족쇄와 부메랑을 견딜 수 있다면 분명 지금보다 더 근사하고 성숙한 사람이 되어 갈 것입니다. 아니 적어도 밥벌이에 있어서만큼은 누구보다 성숙하고 행복한 사람이 되어 있을 겁니다.

여러분 모두 우리 시대에 상존하는 밥벌이에 대한 많은 고민들을 당당하게 극복하셨으면 좋겠습니다. 그렇게 모두 찬란하게 빛나는 사람이 되기를 바랍니다. 다들 여러분만의 행복한 밥벌이를 만날 수 있기를 바랍니다. 항상 응원하겠습니다. 긴 글 읽어주셔서 진심으로 감사드립니다. 언젠가 다시 또 만나 뵐 수 있기를 소망합니다.

10월의 마지막 날, 황 진 규